Carla Gislon ▪ Mariella Rainoldi
Elettra Mineni ▪ Annie Renaud
Anita Walther

JEU de MOTS

LIVRE DE L'ÉLÈVE

A2

3

Les étudiants ne doivent pas écrire sur le livre. Les espaces inclus sont seulement indicatifs et les activités doivent être faites sur un cahier.

CHAT NOIR

TABLEAU DES CONTENUS

Unité 0

ON RECOMMENCE !

MA SEMAINE EN FRANÇAIS

1 ***Qu'est-ce que tu fais d'habitude ?*** **Observe les images et dis quelles sont tes activités quotidiennes.**

2 ***On va à l'école…*** **À deux. Décris à ton/ta copain/copine comment tu es arrivé(e) au collège.**

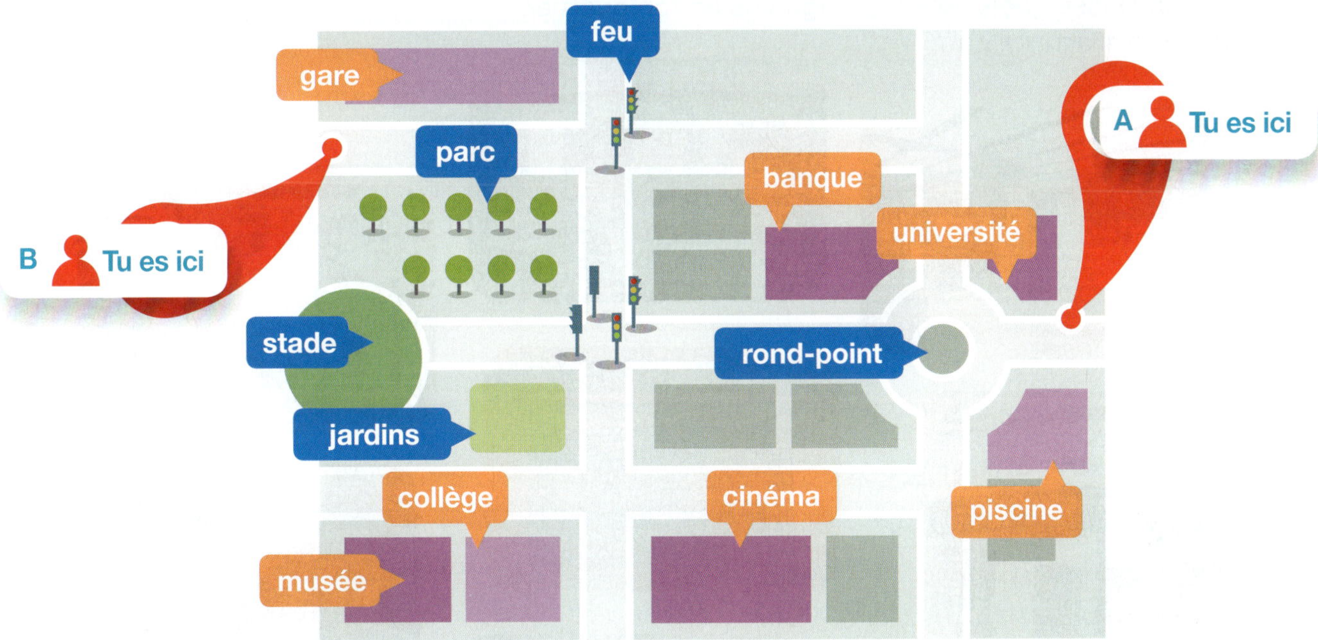

3 **Dis le nom de tous les aliments que tu reconnais dans l'image.**

Dans l'image, il y a …

4 **Crée ton menu idéal pour le déjeuner et explique pourquoi.**

Exemple :

Pour un déjeuner sain, il faut manger plus / moins / autant de … que de … .

C'est un aliment plus / moins / aussi sain que … .

LE SAMEDI... ON FAIT DU SHOPPING !

5 **Dis à la classe quels sont les magasins de ton quartier.**
Dans mon quartier, il y a...

6 **Observe les images et écris un dialogue entre toi et la vendeuse en suivant le canevas.**

- tu choisis des vêtements et tu demandes à la vendeuse de les essayer
- elle demande en quelle couleur / pointure / taille
- tu réponds, les essayes, décides ce que tu veux acheter et demandes le prix
- elle répond
- tu payes et salues la vendeuse

ET LE DIMANCHE…

7 Décris à la classe ton dimanche idéal.

8 Raconte à la classe une sortie que tu as faite récemment.

Unité 1

L'ENVIRONNEMENT

EMPLOI

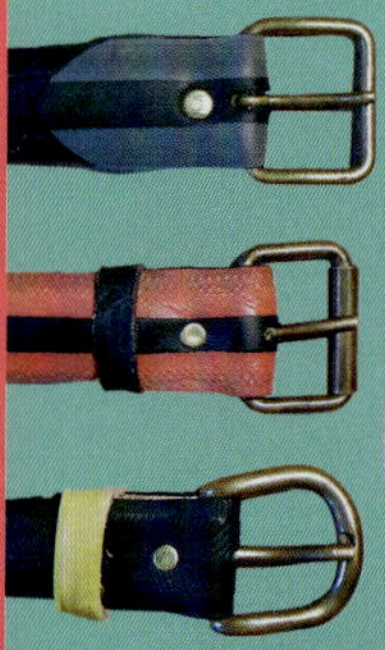

RECYCLAGE

OBJECTIFS

APPRENDRE À...

* Décrire un objet : taille, forme, couleur, matière
* Parler de l'écologie
* Demander une opinion
* Exprimer une opinion

DÉCOUVRIR...

* Le vide-grenier

PROJET

* Mon vide-grenier

RIEN NE SE PERD !

002

Beaucoup d'objets, même très insolites, peuvent avoir une deuxième vie. Il faut seulement trouver la façon de les réutiliser. Par exemple, on fait des pulls polaires avec des bouteilles en plastique !
Qu'en pensez-vous ?
Et comment imaginez-vous le futur d'un pneu de vélo ?
C'est l'histoire exceptionnelle d'Hubert, un étudiant français de 23 ans.
Parti en 2016 en Colombie pour effectuer sa dernière année d'école d'ingénieurs, il rencontre des jeunes sans travail et il découvre une vie difficile dans les quartiers pauvres.
À son retour en France, à Lille, il retrouve des gens qui vivent dans des situations similaires. La même année, il fabrique une ceinture avec un vieux pneu de vélo usé. Quelle idée folle ! Mais cela plaît beaucoup. Il commence à en fabriquer pour hommes, pour femmes, de plusieurs couleurs et de différentes longueurs. Et les ouvriers sont justement des personnes en difficulté !
Nous lui demandons quel est le matériau qu'il a utilisé et il n'hésite pas à nous répondre : « C'est tout simple : un pneu de vélo usé, récupéré, une étiquette en tissu biologique, une boucle ».
Dès les premières ventes, il commence à avoir du succès et il en fabrique donc encore plus pour répondre à la demande et continuer son projet d'allier l'écologie et le recyclage avec la création de nouveaux accessoires comme des emballages écolos et des porte-clés. C'est une réussite !

Observe

1 Observe les images et avec tes copains exprimez vos idées sur les informations que le schéma nous donne :

- qui est le personnage ?
- quel est le matériau qu'il utilise ?
- pour fabriquer quoi ?

Écoute

002

2 Écoute le dialogue et réponds : vrai ou faux ? Corrige les affirmations fausses.

1 Hubert est un jeune colombien.
2 C'est un étudiant.
3 Il utilise de vieux pneus de vélo.
4 Son projet est un échec.

Lis et comprends

3 Lis l'article et complète-le avec les mots donnés.

ingénieur • *succès* • *recyclage* • *récupérés* • *ceintures* • *usés* • *emploi* • *accessoires*

Grâce au [1]... et aux objets [2]..., un jeune français faisant des études pour devenir [3]... a commencé à produire des [4]... et d'autres [5]... avec des pneus de vélo [6]... . De plus, il a permis à des personnes sans [7]... de devenir acteurs de ce projet, qui est un grand [8]... .

4 Associe les éléments des deux colonnes.

1 exprimer une opinion	a Qu'en pensez-vous ?
2 parler de l'écologie	b C'est une réussite !
3 demander une opinion	c Beaucoup d'objets peuvent avoir une deuxième vie.

J'ÉCOUTE, J'ÉCRIS Le son [k]

• Le son [k] correspond à :

- **qu** → **qu**and
- **q** → cin**q**
- **ca**, **co**, **cu** → **ca**hier, **co**nsonne, **cu**linaire
- **c** (fin de mot) → se**c**
- **c** + consonne → **c**lair
- **ch** + consonne → **ch**rétien
- **k** → **k**ilo

003

1 Écoute, lis et répète.

1 curieux
2 critique
3 équilibre
4 comprendre
5 quarante
6 kilomètre
7 canal
8 lac

004

2 Espace dictée Écoute et écris sur ton cahier.

LEÇON 1

Il est comment ?

005 Écoute et répète.

LEXIQUE Les accessoires, les matières et les formes

Les accessoires et les matières

un bonnet
(en coton)

une écharpe
(en laine)

des gants

un foulard
(en soie)

un sac
(en plastique)

une ceinture
(en cuir)

des lunettes
de soleil

un bracelet

Les formes

un carré
(carré)

un rectangle
(rectangulaire)

un triangle
(triangulaire)

un ovale
(ovale)

un rond
(rond)

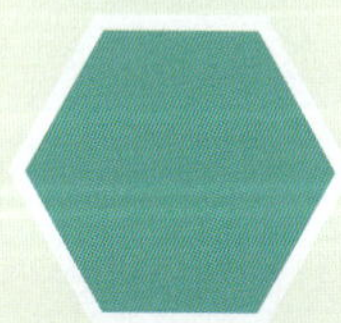
un hexagone
(hexagonal)

006 Écoute et répète.

COMMUNICATION Décrire un objet

- Il est comment ?
- Il est vert, petit et rond.

- Quelle est la forme de ce foulard ?
- Il est triangulaire.

- En quelle matière il est ?
- Il est en soie.

- Qu'est-ce que c'est ?
- C'est une écharpe en laine.

- Qu'est-ce que c'est ?
- Ce sont des lunettes de soleil ovales.

- De quelle couleur est ta ceinture ?
- Elle est noire.

1 Observe les images et décris les accessoires.

C'est une ... en ... .
Elle est rouge.

Elle a un ... bleu en ... .
Sa forme est ... .

C'est un joli ... marron.
Il est en ... .

J'ai des ... .
Leur forme est ... .

007

2 Associe les questions aux réponses puis écoute et vérifie.

1 Qu'est-ce que c'est ?
2 Quelle est sa forme ?
3 De quelle couleur ils sont ?
4 En quelle matière il est ?
5 Elle est comment ?

a Il est en coton.
b Ils sont verts et blancs.
c Elle est petite, rouge et carrée.
d Ce sont des gants.
e Il est ovale.

008

3 Écoute le dialogue et choisis l'option correcte.

1 Que veut acheter la dame ?	a un bonnet	b une écharpe
2 De quelle couleur ?	a bleu ou gris	b bleu ou vert
3 En quelle matière ?	a en laine	b en coton
4 Quelle est la forme de son visage ?	a ovale	b ronde
5 Quelle couleur elle choisit à la fin ?	a bleu	b vert

4 À deux. Imagine un objet et crée des dialogues avec ton/ta copain/copine en suivant le canevas.

A	B
demande de quelle couleur est l'objet	répond
demande quelle est sa forme	répond
demande en quelle matière il est	répond
dit de quel objet il s'agit	répond « deviné ! » ou « perdu ! »

LEÇON 2

Il faut protéger la planète !

009 Écoute et répète.

LEXIQUE L'écologie

la pollution

la marée noire

le trou dans la couche d'ozone

le réchauffement de la planète

le tri des déchets

le développement durable

les panneaux solaires

l'énergie éolienne

le milieu naturel / l'environnement

010 Écoute et répète.

COMMUNICATION Demander et exprimer une opinion

- Qu'est-ce que tu en penses ?
- Je pense que le tri des déchets est fondamental.
- Qu'est-ce que vous en pensez ?
- Nous croyons qu'il est indispensable de protéger la planète.
- À ton avis, qu'est-ce qu'il faut faire ?
- À mon avis, il faut faire attention à la pollution.
- Qu'est-ce que tu en dis ?
- La marée noire ? Je trouve que c'est un vrai problème.
- Selon moi, on doit préserver l'environnement.
- D'après moi, il faut s'orienter de plus en plus vers l'énergie propre.

011

1 Écoute et complète le texte.

[1]... prend en compte l'action de l'homme sur son [2]... afin d'en limiter les conséquences négatives et destructrices : la [3]..., la destruction du [4]... naturel, la [5]... noire, le trou dans la [6]... d'ozone, le [7]... de la planète.

2 Lis le texte et associe les actions aux images.

De plus en plus d'adolescents ont pris conscience de la nécessité de protéger notre planète. Voici quelques petits gestes simples que tous les ados peuvent faire.

1 Éteindre la lumière quand on sort d'une pièce.
2 Préférer la douche au bain.
3 Jeter les piles dans les bornes spéciales.
4 Donner les vêtements qu'on n'utilise plus.
5 Séparer le verre, le plastique, le papier qu'on jette.
6 Utiliser le papier recyclé.

a

b

c

d

e

f

3 Lis le témoignage de Clément, 14 ans, et réponds aux questions.

Clément considère que la planète est en danger. Il dit qu'il faut absolument protéger et respecter la nature avec des projets de développement durable et que la pollution climatique est due aux voitures, aux avions, aux camions...
Il dit aussi qu'il y a des espèces animales qui doivent être protégées : tigre, condor des Andes, baleine bleue et beaucoup d'autres.
Clément s'engage pendant les vacances scolaires et les week-ends dans une action d'observation et de protection de l'environnement pour préserver le milieu naturel.

1 Quelle est l'opinion de Clément sur notre planète ?
2 Quelle est la cause de la pollution climatique ?
3 Quelles espèces animales sont à protéger ?
4 Quand est-ce que Clément fait des actions de protection de la nature ?

4 À deux. Faites un sondage dans votre classe sur vos gestes écolos (prenez comme exemple l'exercice 2) et rédigez des statistiques.

LEÇON 3

Grammaire

C'est / Il est

C'est	+	**article** **pronom** **nom de personne** **adjectif appréciatif**	C'est un étudiant. / C'est la ceinture d'Amélie. C'est lui ! / C'est à toi ! C'est Monsieur Ravel. / C'est Lucas. C'est vrai ! / C'est beau !
Il / Elle est	+	**nom** **adjectif** **expression de temps** **adjectif neutre + *de***	Il est professeur. Il est rond. Il est tard. / Il est 11 heures. Il est important d'arriver demain matin.

1 Complète les phrases avec *c'est* ou *il / elle est*.

1 ... M. Laforge, ... le voisin d'Amélie.
2 ... dix heures, ... tôt. On va être en avance, ... sûr !
3 ... jardinier paysagiste, ... un travail qu'il adore.
4 ... un foulard, ... en soie, ... long et coloré.
5 ... drôle comme il invente toujours des excuses quand ... en retard !

DeA LINK

EN VIDÉO

Les pronoms COI

Les pronoms COI (compléments d'objets indirects) se placent ***avant le verbe***.

me / m'	Tu **me** donnes cette écharpe.
te / t'	Je **te** demande de quelle forme est ton sac.
lui	Nous **lui** demandons quel est le matériel nécessaire.
nous	Il n'hésite pas à **nous** répondre.
vous	Elle **vous** dit de faire attention à la pollution.
leur	Il faut **leur** demander ce qu'ils en pensent.

attention !

- **À l'impératif négatif**, le pronom COI se place **avant le verbe**. ➜ Ne **me** parle pas !
- **À l'impératif affirmatif**, le pronom COI se place **après le verbe**. ➜ Donne-**lui** son livre !
  Me et ***te*** deviennent ***-moi*** et ***-toi*** : Tu **me** parles. ➜ Parle-**moi** !

2 Remplace les mots soulignés par le pronom COI qui convient.

Exemple : Il rend le livre à son copain. ➜ Il **lui** rend le livre.

1 Il offre une écharpe à sa copine. ➜ ...
2 Je parle à Paul. ➜ ...
3 Ils achètent des bracelets à Mathilde et à moi. ➜ ...
4 Elle répond à ton copain et à toi. ➜ ...
5 Je demande le prix aux vendeuses. ➜ ...
6 Tu donnes l'adresse à Julie et Camille. ➜ ...

3 **Transforme les phrases à l'impératif affirmatif puis à l'impératif négatif.**

Exemple : Vous lui répétez la leçon. ➜ *Répétez-lui la leçon !* ➜ *Ne lui répétez pas la leçon !*

1 Tu me donnes l'autre modèle. ➜ ... /...
2 Vous nous donnez cette écharpe. ➜ ... /...
3 Tu me dis quelle est ta taille. ➜ ... /...
4 Nous leur achetons des gants. ➜ ... /...

DeA LINK

EN VIDÉO

L'interrogation avec inversion

verbe + - + sujet

Parlez - vous français ? / *Pouvez - vous m'aider ?*

attention !

Verbe terminant par voyelle + ***-t*** :
Elle parle français ? ➜ *Parle-**t**-elle français ?*
Il y a des différences ? ➜ *Y a-**t**-il des différences ?*

4 **Transforme les phrases.**

Exemples : Vous regardez ses photos ? ➜ *Regardez-vous ses photos ?*
Il retrouve ses amis à la fête. ➜ *Retrouve-t-il ses amis à la fête ?*

1 Ils cherchent un sac en plastique ? ➜ ...
2 On doit préserver l'environnement ? ➜ ...
3 Elles protègent la nature ? ➜ ...
4 Vous allez au bureau de poste. ➜ ...
5 On visite les musées de la ville. ➜ ...
6 Il y a une banque près d'ici. ➜ ...

Le pronom *en*

Le pronom ***en*** peut remplacer :

- un **COD** précédé d'un article, d'un nombre, d'une expression de quantité :
  *Je mange les / deux / beaucoup de biscuits. Tu **en** veux ?*
- un **complément de lieu** indiquant l'origine :
  *– Tu viens du collège ? – Oui, j'**en** viens.*

Place du pronom *en*

En se place toujours **devant le verbe**, sauf à l'impératif affirmatif : *Choisis-**en** !*

attention !

À la deuxième personne du singulier de l'impératif affirmatif, les verbes en *-er* **reprennent le -*s* final**.
➜ *Mange**s-en** !*

5 **Réponds affirmativement en utilisant le pronom *en*.**

1 Il fait des excursions avec ses amis ? ➜ ...
2 Tu utilises le papier recyclé ? ➜ ...
3 Ils parlent de la pollution ? ➜ ...
4 Vous avez des lunettes rondes ? ➜ ...
5 Il fabrique des ceintures ? ➜ ...
6 Ils ont de la chance ? ➜ ...

Le vide-grenier

012

Les loisirs des Français ? La télé, la musique, le cinéma, le sport… et les vide-greniers !

Chaque année, on organise en France plus de 50 000 vide-greniers : ce sont des marchés où des personnes (pas des professionnels) vendent des objets qu'ils n'utilisent plus, mais qui sont parfois de véritables trésors pour les acheteurs !

Dans un vide-grenier, on trouve de tout : des meubles, des livres, des BD, des disques vinyles, des timbres, des cartes postales, des photos, des instruments de musique, de la vaisselle, des tableaux, des vêtements, des jouets, des peluches, des figurines, des jeux vidéo et un grand nombre d'objets insolites. Par contre, il est interdit de vendre des objets neufs, de la nourriture, des animaux ou des armes !

Les prix sont vraiment bas, mais souvent les acheteurs (on les appelle les « chineurs ») marchandent et demandent de baisser le prix.

Le vide-grenier c'est donc, pour les acheteurs, l'occasion de faire de bonnes affaires et, pour les vendeurs, la possibilité de gagner un peu d'argent. Mais c'est aussi l'occasion de se promener, de rencontrer des gens et, à travers les objets en vente, de connaître l'histoire et les traditions d'une ville ou d'une région.

Pour exposer leurs marchandises, les particuliers doivent contacter l'organisateur, remplir un formulaire d'inscription et présenter un document d'identité. Ils doivent sélectionner les objets qu'ils veulent vendre et établir les prix. Les vendeurs ont le droit de participer au maximum à deux vide-greniers par an dans leur commune de résidence. Il est également possible d'organiser un vide-grenier à domicile : il suffit de demander la permission à la mairie. Dans ce cas, la vente a lieu dans sa maison, son garage ou son jardin.

L'un des plus célèbres vide-greniers d'Europe est la Braderie de Lille : elle a lieu le premier week-end de septembre et dure deux jours. Plus de 10 000 vendeurs exposent leurs objets à plus de 2 000 000 de visiteurs de toutes nationalités.

1 Lis le texte et réponds aux questions.

1. Qu'est-ce qu'un vide-grenier ?
2. Qu'est-ce qu'on ne peut pas acheter dans un vide-grenier ?
3. Qui sont les « chineurs » ?
4. Que doit-on faire pour participer à un vide-grenier ?
5. C'est quoi un vide-grenier à domicile ?

2 Fais la liste des objets de ta chambre que tu n'utilises plus. Ensuite, compare ta liste avec celle de tes camarades.

- Y a-t-il des objets en commun ? Lesquels ?
- Quel est l'objet le moins utilisé ?
- Quel est l'objet le plus bizarre ?

PROJET

MON VIDE-GRENIER

Matériel :

- *1 feuille en carton*
- *des feutres de coloriage*
- *de la colle et des ciseaux*

Étape 1

Travaillez par groupes de 3/4 personnes. Faites la liste des choses que vous n'utilisez plus. Rangez-les par catégorie : loisirs/jouets, vêtements, chaussures, accessoires …

Étape 2

Sélectionnez les objets qui ont le plus de chance d'être vendus.
Établissez un tableau avec les objets et les prix, comme celui-ci :

Catégorie	Objet à vendre	Prix
jouet	un ours en peluche	2 €
…	…	…

Étape 3

Réalisez un poster qui va servir de publicité pour votre vide-grenier. Indiquez :

- la date du vide-grenier
- le lieu
- la liste des objets mis en vente
- le prix proposé

Insérez des dessins ou faites des photos de quelques objets pour attirer l'attention (incluez la phrase « *Les prix sont négociables* »).

Décorez bien votre poster.

Étape 4

Chaque groupe présente son poster à la classe. Le meilleur vide-grenier sera alors sélectionné et, pourquoi pas, organisé !

COMPÉTENCES CITOYENNES

EN VIDÉO

DeA LINK

C'est quoi, le 8e continent ?

1

Le 8e continent n'est pas un vrai continent. Il s'est formé il y a des dizaines d'années avec les déchets qui flottent dans la mer et qui proviennent de l'activité humaine. Ces déchets arrivent des plages, des bateaux et des cours d'eau.

2

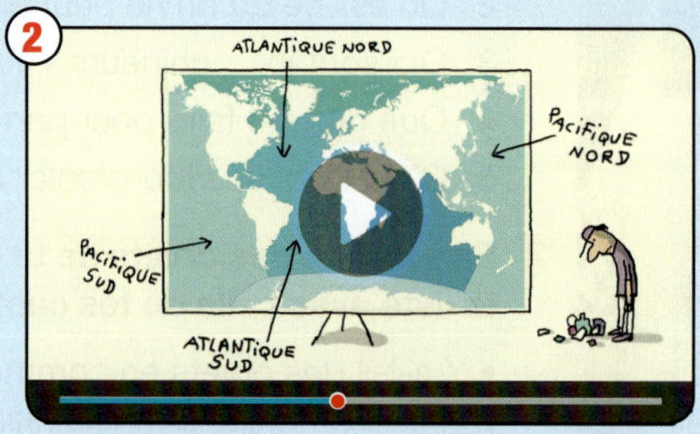

Ces poubelles géantes sont tenues ensemble par des courants appelés « gyres ». Il y en a cinq dans le monde. On appelle ces poubelles des « soupes de plastique ».

3

Depuis leur découverte en 1997 par Charles Moore, on mesure leurs effets : c'est un poison mortel pour les poissons et les oiseaux.

4

L'expédition « 7e continent » a exploré les cinq gyres de la planète et l'aspirateur géant de Boyan Slat va aspirer une grande quantité de ces déchets. Mais le plus important maintenant, c'est d'utiliser le plastique seulement pour les objets qui durent. Alors, dis « non » aux sacs plastiques !

VIDÉO

1 Lis les textes, regarde la vidéo et associe les éléments des deux colonnes.

1 C'est l'activité humaine qui produit…
2 Ce sont les gyres qui…
3 Les « soupes de plastique » sont un…
4 Le 8e continent s'est formé…
5 À partir de maintenant, il faut éviter…

a poison fatal pour les poissons et pour les oiseaux de mer.
b il y a peu de temps, dans les océans.
c les déchets qui flottent dans la mer.
d d'utiliser les objets en plastique.
e tiennent ensemble les poubelles géantes.

2 Quels objets en plastique sont inutiles selon toi ? Par quels objets pourraient-ils être remplacés ?

Selon moi, les objets en plastique inutiles sont…

FAIS LE POINT !

Décrire un objet et sa forme

013

1 Anaïs va partir à l'école. Elle ne trouve plus certaines choses. Écoute le dialogue avec sa mère et dis si les affirmations sont vraies ou fausses.

1 L'écharpe est de couleur rouge.
2 Elle se trouve sur le lit.
3 La ceinture est en cuir noir.
4 La ceinture est dans la salle de bains.
5 Les jeans sont dans la salle de bains.
6 Le bonnet rouge est dans la voiture.

.../6

2 Aide Anaïs à retrouver des objets à partir de leur description.

1 Il est rond, il est gris, il est en polycarbonate (un type de plastique recyclable). Il sert à écouter de la musique ou à regarder des films.

2 Elle est rectangulaire. Elle est en papier. Elle est généralement blanche. On y écrit dessus.

3 Ils sont en bois, ils sont noirs ou de toutes les couleurs. On les utilise beaucoup à l'école, surtout pour dessiner.

4 Elles sont en verre ou en plastique. Elles sont cylindriques. Elles contiennent de l'eau ou d'autres boissons.

.../4

Parler de l'écologie

3 Après une leçon sur le réchauffement climatique, le professeur de géographie pose des questions aux élèves. Complète les réponses avec les éléments donnés.

les panneaux solaires • le tri des déchets • le réchauffement climatique • la pollution • l'énergie éolienne

Professeur : Qu'est-ce qui cause le trou dans la couche d'ozone ?
Élève 1 : C'est [1]... !
Professeur : Correct. Quelle est la conséquence de ce trou dans la couche d'ozone ?
Élève 2 : C'est [2]... !
Professeur : Bien ! Donnez-moi le nom d'une énergie renouvelable et qui ne pollue pas.
Élève 1 : [3]... !
Professeur : Que peut-on mettre sur le toit de la maison pour capter l'énergie solaire ?
Élève 2 : [4]... .
Professeur : J'espère que chez vous, vous avez un comportement écologique… Que faites-vous pour la planète ?
Anaïs : Chez moi, on fait [5]... !
Professeur : Bravo, Anaïs !

.../5

4 Que penses-tu du problème du réchauffement climatique ? As-tu un comportement écologique ? Explique.

.../5

TOTAL: .../20

Unité 2

MA JOURNÉE

OBJECTIFS

APPRENDRE À...

* Parler de son emploi du temps
* Exprimer la fréquence
* Demander, proposer, accepter de l'aide
* Parler de son collège

DÉCOUVRIR...

* Les matières préférées des collégiens

PROJET

* Mon échange scolaire virtuel

Épisode Vidéo 1

014

VIDÉO

VISITE AU COLLÈGE

Éva : Bienvenue ! Tu viens d'arriver ?

Federico : Oui, c'est le premier jour de mon échange scolaire, je m'appelle Federico.

Li Na : Moi, c'est Li Na : tu es dans ma classe. Elle, c'est Éva. Si tu veux, aujourd'hui, on te fait visiter notre école !

Federico : Merci ! Elle est grande, votre école...

Li Na : Oui, il y a une bibliothèque, une médiathèque, des salles de permanence...

Federico : Dans mon école, il n'y a pas de salles de permanence...

Éva : Le nouveau gymnase, qui est très bien équipé, se trouve dans la cour.

Li Na : Tu as notre emploi du temps ?

Federico : Oui, je l'ai reçu hier.

Li Na : Le mardi matin, on a une heure d'étude, donc on peut monter dans une salle de perm.

Federico : Il est quelle heure ?

Éva : Il est 10h15, mon cours de maths commence dans un quart d'heure et j'ai une interro...

Li Na : Mais on a le temps de passer à la cafét.

Éva : Attendez, je suis en train de chercher mon cahier de maths... Ça alors ! Je l'ai oublié à la maison !

VITE DIT

maths : mathématiques

interro : interrogation

Observe

1 Observe l'image et choisis l'option correcte.

1 **a** Les jeunes sont à l'école.
  b Les jeunes sont à la maison.

2 **a** Éva et Li Na parlent avec le prof.
  b Éva et Li Na parlent avec un garçon.

3 **a** Il y a seulement des personnages qu'on connaît.
  b Il y a un nouveau personnage.

Écoute

014

2 Écoute le dialogue et réponds : vrai ou faux ? Corrige les affirmations fausses.

1. Federico est dans la classe d'Éva.
2. Dans l'école, il y a des salles de permanence.
3. Le gymnase du collège est vieux.
4. Les copains pensent aller à la cafétéria.
5. Federico a oublié son cahier de maths à la maison.

Lis et comprends

3 Lis le dialogue et réponds aux questions.

1. Pourquoi est-ce que Federico est là ?
2. Avec qui il visite l'école ?
3. Où se trouve le gymnase ?
4. Qu'est-ce que Federico a reçu hier ?
5. Est-ce que le cours d'Éva va commencer tout de suite ?
6. Qu'est-ce qu'Éva a oublié ?

J'ÉCOUTE, J'ÉCRIS — Les sons [ʒ] et [ʃ]

- Le son [ʒ] correspond à la graphie **ge**, **gi**, **j** : **gé**néral, **gi**let, **j**amais, **j**eu, **j**our, **j**udo
- Le son [ʃ] correspond à la graphie **ch**: **ch**ose, re**ch**er**ch**e, **ch**apeau

015

1 Écoute, lis et répète.

1. Ils viennent jouer dans mon jardin.
2. Prends trois tranches de jambon chez le charcutier !
3. Il est sage comme un ange.
4. Justine a une mèche de cheveux blonds.

016

2 Espace dictée Écoute et écris sur ton cahier.

LEÇON 1

La récré, j'adore !

017 Écoute et répète.

LEXIQUE — L'emploi du temps et les matières

	lundi	mardi	mercredi	jeudi	vendredi
8h10	français	musique	français	latin	EPS[1]
9h10	français	histoire-géographie-éducation civique	italien LV2	technologie	latin
10h10			récré		
10h20	anglais LV[2]1	anglais LV1	mathématiques	mathématiques	mathématiques
11h20	heure d'étude	italien LV2	mathématiques	sciences physiques	italien LV2
12h20			pause déjeuner		
13h30	histoire-géographie-éducation civique	SVT[3]		italien LV2	arts plastiques
14h30	anglais LV1	EPS		histoire-géographie-éducation civique	français
15h30			récré		
15h40	technologie	EPS			SVT

[1] EPS : éducation physique et sportive [2] LV : langue vivante [3] SVT : sciences de la vie et de la terre

018 Écoute et répète.

COMMUNICATION — Exprimer la fréquence

- Quand est-ce que vous avez cours de SVT ?
- **Deux fois par semaine** : le lundi et le vendredi.

- Vous avez **souvent** cours de musique ?
- Non, **une fois par semaine**.
- **Le mercredi**, nous avons **toujours** l'après-midi libre. Nous allons **parfois** au cinéma.
- On a cours d'EPS **trois heures par semaine** / **tous les jeudis**.
- **Tous les jours**, les cours commencent à 8h10.

GRAMMAIRE La négation avec *plus, rien, jamais*

– Tu vas **parfois/souvent** au théâtre ?
– Non, je **ne** vais **jamais** au théâtre.

– Vous faites **encore/toujours** du chinois ?
– Non, nous **ne** faisons **plus** de chinois.

– Pour la récré, tu veux **quelque chose** à manger ?
– Non, je **ne** veux **rien**.

1 Lis l'emploi du temps de la page 22 et complète les phrases.

1 Comme langues étrangères ils étudient l'… et l'… .
2 Le mercredi de 10h20 à 12h20, il y a cours de … .
3 Le lundi et le jeudi après-midi, il y a cours d'… .
4 Le vendredi à 13h30 on peut suivre le cours d'… .
5 Le jeudi à 11h20, il y a cours de … .
6 Le mardi après-midi et le vendredi matin, il y a cours d'… .

2 Relis l'emploi du temps et réponds aux questions.

1 Combien d'heures de maths est-ce qu'il y a ?
2 Quand est-ce qu'il y a cours de SVT ?
3 Quand est-ce qu'il y a cours de technologie ?
4 Quand est-ce qu'il y a cours de français ?
5 Combien d'heures de français est-ce qu'il y a ?
6 Combien d'heures d'italien LV2 est-ce qu'il y a ?

019

3 Remets les répliques du dialogue dans le bon ordre puis écoute et vérifie.

– J'ai déjà étudié histoire-géo mais je n'ai pas fait mes devoirs d'anglais.
1 Aujourd'hui il y a deux heures de maths, j'adore !
– Très bien, donc deux heures de maths, une heure de français et deux heures d'EPS... et l'après-midi libre !
– Je préfère les langues étrangères. Mais… quel jour sommes-nous ?
– Pour demain, il y a plein de devoirs pour les cours d'anglais, français et histoire-géo.
– On est mercredi.

4 Écris l'emploi du temps de ta classe en français puis compare-le avec celui de la page 22 et réponds aux questions.

- Est-ce que ton emploi du temps est plus ou moins chargé que l'emploi du temps français ?
- Tu étudies les mêmes matières que les élèves français ?
- Est-ce qu'il y a d'autres différences entre les deux emplois du temps ?

LEÇON 2

Il est comment, ton collège ?

020 Écoute et répète.

LEXIQUE Le collège

Les lieux du collège

la salle de classe

la bibliothèque

la salle de permanence

le gymnase

le CDI (centre de documentation et d'information)

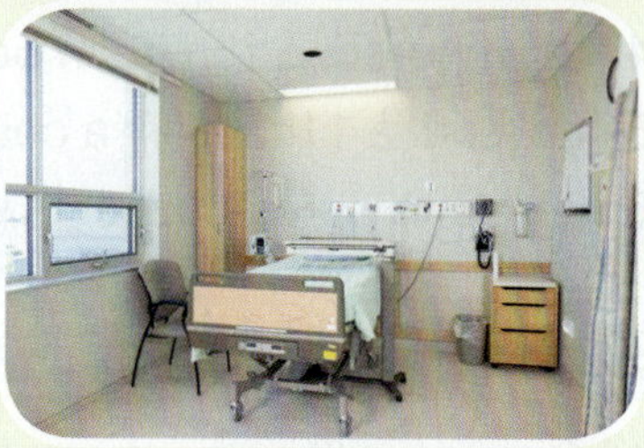
l'infirmerie

la cantine

la cafétéria

La vie au collège

les devoirs
le contrôle
l'interrogation (l'interro)
le bulletin
les notes
l'exercice (l'exo)

021 Écoute et répète.

COMMUNICATION Demander, proposer, accepter de l'aide

- Où est le CDI ?
- Je peux t'accompagner si tu veux.

- Tu viens avec moi faire les exos ? Je n'ai pas compris l'explication.
- Bien sûr !

- Je ne sais pas où est la salle de permanence, tu peux m'accompagner ?
- Oui, pas de problème !

- Tu es prêt pour le contrôle de maths ?
- Pas trop, tu m'aides ?
- Bien sûr !

- Tu as eu ton bulletin ?
- Malheureusement oui, mes notes en français ne sont pas bonnes.
- Je peux t'aider, si tu veux.
- Merci ! C'est sympa.

1 **Complète les phrases.**

1 Pour faire des recherches sur Internet ou pour écouter des CD, on va au … .
2 Quand tu as une heure de libre ou un prof est absent, tu vas dans la … .
3 Pour suivre les cours, les élèves entrent dans les … .
4 Pour chercher ou lire des livres, on va à la … .
5 Pour les cours d'EPS, on va au … .
6 Quand on ne se sent pas bien, on va à l'… .

022

2 **Écoute la description et complète avec les quantités.**

1 salles de classe → …
2 bibliothèques → …
3 salles de permanence → …
4 gymnases → …
5 CDI → …
6 infirmeries → …

3 **Observe les dessins et associe-les aux dialogues.**

1 – Où est Marie ?
– Elle est à l'infirmerie, elle ne se sent pas bien.

2 – Tu aimes le sport ?
– Oui, j'adore les cours d'EPS dans ce beau gymnase !

3 – Ton prof est en classe ?
– Non, il est encore dans la salle des profs.

023

4 **Écoute et dis dans quelles phrases tu trouves les situations suivantes :**

- demander de l'aide
- proposer de l'aide

5 **En groupe. Écrivez un texte pour décrire votre école et dessinez le plan, d'au moins un niveau, en écrivant les noms de toutes les pièces.**
D'après vous, est-ce qu'il y a beaucoup de différences par rapport à un collège français?

Notre école a beaucoup de salles de classe…
Il y a une cantine…
Il n'y a pas de…

LEÇON 3

Grammaire

Les pronoms relatifs *qui* et *que*

EN VIDÉO

Qui = **sujet** de la phrase relative

*La dame **qui** est entrée est ma prof de musique.*

Que (qu') = **complément d'objet direct** de la phrase relative

*La matière **que** je préfère est plutôt difficile.*

*Le bulletin **qu**'elle a eu est très bon.*

1 Transforme les phrases avec *qui* ou *que*.

Exemples : Le professeur habite dans notre quartier. Il est anglais.

➜ *Le professeur qui habite dans notre quartier est anglais.*

J'étudie dans la bibliothèque. La bibliothèque se trouve au 2e étage.

➜ *J'étudie dans la bibliothèque qui se trouve au 2e étage.*

1 Tu m'as prêté un livre. J'ai lu le livre. ➜ …
2 Les salles de classe donnent sur la rue. Elles sont trop bruyantes. ➜ …
3 Nous avons préparé un gâteau. Tu veux le goûter ? ➜ …
4 Vous avez rencontré un garçon. Il est anglais. ➜ …
5 Le Victor Hugo est un lycée. Le lycée a beaucoup de salles de classe. ➜ …
6 Le professeur nous accompagne. Le professeur est sympa. ➜ …

2 Complète le texte avec *qui* ou *que*.

L'école [1]… je fréquente se trouve place de la Paix, [2]… est une grande place. Les salles de classe [3]… donnent sur un vaste jardin sont très lumineuses. La salle de permanence, [4]… est très belle et [5]… beaucoup d'élèves utilisent, se trouve au premier étage en face de la bibliothèque. Le principal [6]… dirige l'école est très sévère mais les élèves et leurs familles l'aiment parce qu'il est aussi très gentil.

Savoir

indicatif présent		participe passé
je	sais	su
tu	sais	
il/elle/on	sait	
nous	savons	
vous	savez	
ils/elles	savent	

024

3 Écoute et répète la conjugaison.

4 Écris des phrases avec l'indicatif présent du verbe *savoir*.

Exemple : Vous / danser / chanter. ➜ *Vous savez danser mais vous ne savez pas chanter.*

1 Mon frère / parler anglais / parler italien / . ➜ …
2 Elle / faire la cuisine / préparer les desserts / . ➜ …
3 Tu / écrire / dessiner / . ➜ …
4 Je / jouer au tennis / jouer au basket / . ➜ …

Le présent continu et le passé récent

EN VIDÉO

Le présent continu

sujet	+	être	+	en train de	+	infinitif
Je		suis		en train de		sortir.

Le passé récent

sujet	+	venir de	+	infinitif
Il		vient de		partir.

5 Réponds aux questions avec le présent continu.

Exemple : – Tu as appelé ta sœur ? – *Non, mais je suis en train de l'appeler.*

1 – Vous avez acheté les tickets ? – …
2 – Elle a fait son contrôle ? – …
3 – L'avion a décollé ? – …
4 – Tu as déjà dîné ? – …

6 Transforme les phrases au passé récent.

Exemple : Il a pris son petit-déjeuner. → *Il vient de prendre son petit-déjeuner.*

1 Ils ont fini leurs devoirs de français. → …
2 Tu as regardé son emploi du temps. → …
3 Elle est sortie de l'école. → …
4 Vous avez visité le collège. → …

7 Complète les phrases. Puis associe-les aux images.

Qu'est-ce qu'ils sont en train de faire ?

1 Il … jouer aux jeux vidéo.
2 Nous … de dîner.
3 Vous … jouer au foot.

Qu'est-ce qu'ils viennent de faire ?

4 Il … prendre son déjeuner.
5 Elle … faire de la gym.
6 Les enfants … entrer en classe.

a

b

c

d

e

f

LES MATIÈRES PRÉFÉRÉES DES COLLÉGIENS

025

Dans notre collège, on a fait un sondage :
« Quelles sont tes 3 matières préférées ? Dis pourquoi ».
Voici les résultats.

- **Les garçons : EPS, SVT, technologie**
- **Les filles : arts plastiques, français, anglais**

Voici quelques commentaires.

DU CÔTÉ DES FILLES

Rayane : Les matières préférées… Ça dépend surtout des profs ! Cette année on fait du théâtre avec la prof de français, j'adore ça !

Alicia : Je travaille beaucoup en SVT mais je n'ai pas la moyenne.

Marie : Arts plastiques, c'est trop cool : j'adore dessiner !

Lucile : Je n'aime pas la géographie : les leçons sont trop longues.

Yasmina : L'anglais, c'est super et surtout c'est très utile.

Laura : Moi, j'aime toutes les matières mais en EPS je ne suis vraiment pas douée !

Zoé : Ma prof d'arts plastiques a exposé mes dessins dans l'école, j'étais très fière !

DU CÔTÉ DES GARÇONS

Julien : Moi, j'ai des difficultés en physique parce qu'il y a trop de devoirs.

Manu : C'est EPS que je préfère parce que je suis très sportif.

Raphaël : Moi, j'aime bien la techno parce qu'on travaille sur ordi.

Adrien : J'aime l'anglais, mais trois heures par semaine, c'est pas suffisant pour bien parler.

Maxime : J'aime les maths cette année, car mon prof est génial !

Édouard : En histoire, je n'ai jamais plus de 8/20, c'est déprimant...

Théo : Plus tard, je serai médecin, alors SVT, je trouve ça passionnant.

1 **Lis les textes et dis quelles sont les matières préférées des filles et des garçons et celles qu'elles/ils n'aiment pas.**

les filles	les garçons
😁	😁
😠	😠

2 **Écris un petit texte pour dire quelles sont tes matières préférées et celles que tu aimes le moins. Explique pourquoi. Est-ce que tes préférences correspondent aux résultats du sondage ?**

3 **Relis les textes et présente à ta classe trois commentaires avec lesquels tu es d'accord, puis dis pourquoi.**

PROJET

MON ÉCHANGE SCOLAIRE VIRTUEL

Matériel :
- *1 feuille de papier*
- *1 feuille en carton pour le poster*
- *des feutres/crayons de coloriage*
- *de la colle et des ciseaux*

Étape 1

Travaillez par groupes de 3 ou 4 personnes.
- Choisissez de quel pays proviennent les élèves.
- Sélectionnez en quelle saison et pendant quelle période scolaire l'échange va se dérouler.
- Préparez un calendrier en prévoyant des espaces pour indiquer les sorties et les activités que vous allez organiser.

Étape 2

Organisez ensuite :
- les activités en horaire scolaire : sélectionnez les cours auxquels vos correspondants vont assister (prévoyez un menu spécial à la cantine pour le jour de l'arrivée des élèves et un jeu pour faciliter la prise de contact avec ces élèves) ;
- les sorties en dehors de l'école : basez-vous sur le calendrier.

Étape 3

Élaborez le programme final sur un poster.
- Indiquez la provenance des élèves en l'illustrant d'un drapeau.
- Insérez le calendrier.
- Écrivez le programme des différentes activités à l'école et des sorties en extérieur.
- Illustrez votre programme avec les photos des lieux que vous allez visiter.
- N'oubliez pas d'inclure un message de bienvenue.

Étape 4

Chaque groupe montre son programme à la classe qui vote pour le programme le plus riche et le plus intéressant.

DeA LINK

C'est quoi, le harcèlement à l'école ?

1

En France, 1 enfant sur 10 est victime de harcèlement : un phénomène de violence répétée sur une victime qui peut être verbale, physique ou psychologique et qui a lieu devant d'autres élèves.

2

C'est une relation à trois : le harceleur, le harcelé et les spectateurs qui trouvent ça drôle ou qui n'osent rien dire. La victime est attaquée parce qu'elle semble différente : pour son physique, ses origines...

3

Et souvent, le harcèlement continue aussi sur les réseaux sociaux. Le harcèlement peut avoir de graves conséquences sur la santé des enfants victimes.

4

Ils souffrent et n'osent rien dire aux adultes. On a donc lancé une campagne d'information, parce que la première façon de le combattre, c'est déjà d'en parler.

VIDÉO

1 Lis les textes, regarde la vidéo et dis si les affirmations sont vraies ou fausses.

1 En France, 1 enfant sur 10 est victime de harcèlement dans son école.
2 Le harcèlement a lieu entre deux personnes.
3 La victime est attaquée à cause de ses différences.
4 Le harcèlement n'a pas lieu sur les réseaux sociaux.
5 Il peut avoir de graves conséquences sur la santé des enfants victimes.

2 Le Ministère français de l'Éducation propose un site et un numéro vert pour répondre aux situations de harcèlement. Selon toi, c'est une initiative efficace ? Tu connais des situation de harcèlement dans ton école ?

Selon moi...
Dans mon école...

FAIS LE POINT !

Parler du collège et des matières

026

1 Écoute le dialogue entre Axel et son père, puis dis si les affirmations sont vraies ou fausses.

1 Axel a un bon bulletin de notes.
2 Il a de bonnes notes en français et en anglais.
3 En maths, Axel a de mauvaises notes.
4 La mère d'Axel peut l'aider en sciences.
5 Le père d'Axel peut l'aider en maths.

.../5

Exprimer la fréquence / Proposer de l'aide

2 Lis la discussion entre Axel et son grand frère Hugo. Ensuite, réponds aux questions.

Hugo : Alors petit frère, je peux t'aider ?
Axel : Oui… En maths je ne comprends rien…
Hugo : C'est quand, le prochain contrôle ?
Axel : Dans 15 jours.
Hugo : OK. Je peux venir à la maison deux fois par semaine, le mardi et le jeudi.
Axel : Deux fois par semaine, ce n'est pas assez.
Hugo : Bon, on ajoute le samedi aussi ?
Axel : D'accord, mais après 5 heures, avant j'ai ma leçon de guitare.
Hugo : Ça va. Et ton cours de judo du jeudi ?
Axel : Je ne fais plus de judo, je fais du karaté le vendredi après-midi.
Hugo : Où ?
Axel : Au gymnase de l'école. L'instructeur est sympa. Il sait plein de mots en japonais !

1 Combien de temps Axel a-t-il pour réviser pour son contrôle de maths ?
2 Combien de fois par semaine son frère va-t-il venir pour l'aider ?
3 Que fait Axel généralement le samedi après-midi ?
4 Que fait-il le vendredi après-midi ?
5 Que pense Axel de son prof de karaté ?

.../5

3 Décris ton emploi du temps. Utilise les expressions de fréquence que tu connais.

.../5

4 Donne ton opinion personnelle sur ton emploi du temps. Utilise les pronoms relatifs.

Exemples : *L'anglais est une matière* ***que*** *j'adore.*
Les sciences, c'est une matière ***qui*** *est difficile.*
EPS est une matière ***qui****…*

.../5

TOTAL: .../20

PRÉPA DELF

COMPRÉHENSION DES ÉCRITS

1 Tu es à l'école en France avec ta classe. Tu aides tes amis à choisir une matière que le collège propose pour les élèves en visite. Lis les annonces puis dis quelle annonce correspond à chaque élève.

1 Lundi et jeudi de 14 heures à 15 heures. Cours de musique pour apprendre à jouer d'un instrument ou simplement s'entraîner.

2 Pour les élèves en visite au collège, un cours de langue et de civilisation pour améliorer le français. Mardi et vendredi de 10 heures à 11 heures.

3 Mercredi de 8 heures à 10 heures, pour les élèves qui aiment dessiner et peindre.

4 Découvrez les mystères et les merveilles de la science et de la nature. Jeudi de 8 heures à 10 heures.

5 Football, gymnastique et athlétisme, mercredi après-midi de 14 heures à 16 heures.

a Johan adore l'art.
b Adriana est musicienne, elle joue de la guitare.
c Denise veut tout connaître de la nature.
d Diego est un grand sportif.
e Elvira aime les langues étrangères.

2 Lis l'e-mail et réponds aux questions.

Salut les amis !
Je suis en train de faire le tri dans mes affaires et dans mes vêtements. J'ai beaucoup de choses que je n'utilise plus. J'ai des sacs très jolis, des ceintures, des lunettes de soleil et des écharpes. Ils sont comme neufs. J'ai aussi des vêtements que je ne mets plus. C'est dommage de les jeter…
Je vous propose de venir chez moi, samedi après-midi à 14h, pour choisir les objets qui vous intéressent.
Vous pouvez aussi apporter des boissons, comme ça nous organisons un goûter !
Répondez-moi vite !
À samedi
Stéphanie

1 À qui Stéphanie écrit-elle ?
   a À ses parents.
   b À ses amis.
   c À son frère.
2 Dis si cette affirmation est vraie ou fausse et écris la phrase ou la partie du texte qui justifie ta réponse. « Stéphanie a beaucoup de choses qui ne lui servent plus ».
   a Vrai.
   b Faux.
   Justification : …
3 Comment sont les objets et les vêtements que Stéphanie veut donner ?
   a Vieux.
   b Démodés.
   c Neufs.
4 Quand est le rendez-vous pour aller chez elle ?
5 Que doivent apporter les invités ?

COMPRÉHENSION DE L'ORAL

027

3 Lis les questions. Ensuite écoute le dialogue et réponds aux questions.

1 Où entends-tu ce message ?
a À la radio. **b** À la poste. **c** À la gare.

2 Que propose l'association *Tous ensemble pour une ville propre* ?
a De recycler le papier. **b** De nettoyer la ville. **c** De faire le tri des déchets.

3 À quelle heure est le rendez-vous ?

4 Où doivent se réunir les volontaires pour participer ?

a

b

c

5 Qu'offre l'association à la fin de la journée ?
a Un sandwich. **b** Une pizza. **c** Un café.

028

4 Lis les questions. Ensuite écoute le dialogue et réponds aux questions.

1 Où sont Adrien et Jonas ?
a À la maison. **b** À l'école. **c** Au parc.

2 Tous les lundis à 9 heures, Adrien a…
a un cours de maths. **b** un cours d'histoire. **c** une heure de perm.

3 Qu'est-ce qu'il fait pendant cette heure ?

4 Quel est le cours de Jonas maintenant ?
a Histoire. **b** Français. **c** Technologie.

5 Où se retrouvent les deux garçons à la récré ?

PRODUCTION ÉCRITE

5 Tu reçois ce courriel. Tu réponds à ton ami(e). Tu acceptes la proposition, mais tu ne connais pas son adresse. Tu lui demandes comment arriver chez lui/elle (60 mots minimum).

Salut !
Tu sais que nous avons un devoir de maths lundi ? Tu es prêt(e) ? Moi, je pense que c'est trop difficile ! Je ne comprends rien. Tu peux m'aider ? Toi, tu as toujours de bonnes notes. Je te propose de venir chez moi demain après-midi. Tu es d'accord ? Réponds-moi vite !

PRODUCTION ORALE

6 Parle de tes journées à l'école et de ton emploi du temps. Quelles sont les matières que tu préfères et celles que tu n'aimes pas ?

Unité 3 LES VACANCES

OBJECTIFS

APPRENDRE À…

* Décrire un lieu
* Parler du temps qu'il fait
* Situer dans le temps (I)
* Parler de ses projets

DÉCOUVRIR…

* Des vacances… à la carte !

PROJET

* Mon blog de voyage saisonnier sur ma région

029

VIDÉO

PROJETS DE VACANCES

Li Na : Qu'est-ce que tu regardes ?

Éva : Un dépliant de séjours de vacances.

Lucas : Tu as l'intention de partir cet été ?

Éva : Bien sûr ! J'adore les vacances d'été parce qu'on se fait de nouveaux amis.

Li Na : Tu voudrais partir quand ?

Éva : En juillet et je pense partir deux semaines. Viens voir ! Cette colonie propose un séjour du 15 au 30 juillet.

Lucas : Pas mal ! En plus, c'est dans une région qui est à la fois près de la montagne et près de la mer.

Li Na : Tu pourras faire de l'escalade le matin et prendre des bains de soleil l'après-midi.

Éva : Le programme est bien détaillé. On pourra aussi faire du cheval et se baigner dans les rivières.

Lucas : S'il ne pleut pas ! Regarde les photos des monitrices… Elle, elle a l'air sympa.

Éva : Pour moi, c'est décidé : quand je serai grande, je serai mono.

Li Na : Moi, je voudrais être prof mais il faut faire beaucoup d'études.

Éva : Regardez les nuages : il va pleuvoir.

Lucas : C'est vrai ! Dépêchons-nous ! Allons nous mettre à l'abri !

VITE DIT

mono : monitrice

EN VIDÉO

Observe

1 Observe l'image et choisis l'option correcte.

1 a Les copains sont à l'école. b Les copains sont dans un parc.
2 a Ils regardent des photos. b Ils regardent un dépliant.
3 a Ils sont heureux. b Ils sont tristes.

Écoute

029

2 Écoute le dialogue et réponds : vrai ou faux ? Corrige les affirmations fausses.

1 Li Na regarde un dépliant.
2 Éva voudrait partir trois semaines.
3 À la colonie on peut se baigner.
4 La monitrice a l'air triste.
5 Li Na voudrait devenir monitrice.
6 Il va pleuvoir.

Lis et comprends

3 Lis le dialogue et réponds aux questions.

1 Pourquoi est-ce qu'Éva aime les vacances d'été ?
2 Quand est-ce qu'elle voudrait partir ?
3 Où se trouve la région qu'elle regarde ?
4 Quels sports peut-on faire ?
5 Que veut faire Éva quand elle sera grande ?
6 Qu'est-ce qu'il faut faire pour être professeur ?

J'ÉCOUTE, J'ÉCRIS Le son [g]

Le son [g] correspond à:
- **ga** / **go** / **gu** : **ga**rçon, **go**mme, ai**gu**
- **gue** / **gui**: **gue**rre, **gui**chet
- **g** + **consonne**: **g**loire

030

1 Écoute, lis et répète. Écris les phrases sur ton cahier et souligne le son [g].

1 Mettre des guirlandes de papier ou non, ça m'est égal !
2 Une baguette et trois petits gâteaux, s'il vous plaît !
3 Ce chat est gros et gras parce qu'il est trop gourmand.
4 Si tu marches à pas réguliers, tu supporteras la fatigue.

031

2 Espace dictée Écoute et écris sur ton cahier.

LEÇON 1

C'est un lieu de rêve !

032 Écoute et répète.

LEXIQUE Les paysages naturels

la montagne

la campagne

la forêt

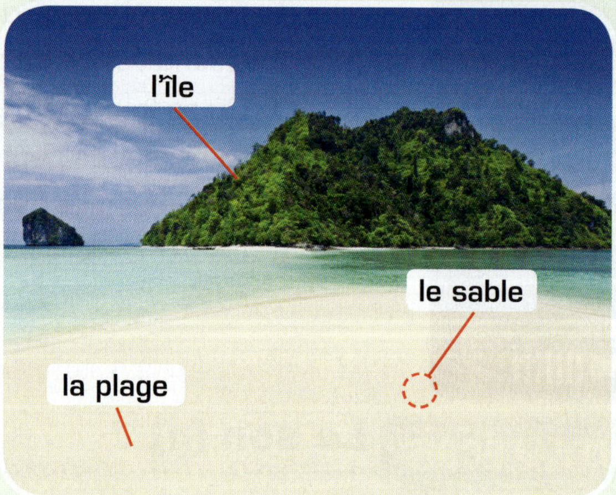

la mer

033 Écoute et répète.

COMMUNICATION Décrire un lieu

- C'est une région très verte, entourée de montagnes.
- Une longue promenade fait le tour du lac.
- Il y a beaucoup de fleurs au milieu de la forêt.
- Il y a des arbres au bord de la rivière.
- La mer est au sud du village.
- L'île est en face de la plage.
- C'est une plage de sable fin.
- Le village est à trois kilomètres de la mer.
- La rivière traverse la région.

1 Complète les phrases.

1 La semaine passée je suis allé à la ... pour faire du ski.
2 Au printemps, les feuilles des ... sont vertes.
3 À la ..., j'aime bien jouer sur le sable.
4 Mes cousins habitent à la ... dans un petit village.
5 Ce jardin est plein de jolies ... .

attention !

Situer dans le temps
en 2015
la semaine passée
hier (soir)
aujourd'hui
ce soir
maintenant
cette semaine
demain (matin)
la semaine prochaine

2 Forme des phrases avec les éléments donnés.

1 au bord / est / Notre village / du lac / .
2 Nous / sur une île / habitons / .
3 la forêt / Je me promène / au milieu de / .
4 une montagne / L'Everest / très haute / est / .
5 au nord / La rivière / du village / est / .
6 deux kilomètres / de l'hôtel / La plage / à / est / .

034

3 Écoute et complète le mail.

Cher Alex,

Je suis à la [1]... avec ma mère et mon frère. Je m'amuse beaucoup sur la plage. Nous jouons avec le [2]... . Hier nous avons pris le bateau. C'était superbe ! Demain nous irons visiter une [3]... avec beaucoup d'[4]... et une petite [5]... . On change tous les jours de [6]... .

Tu me manques beaucoup...

Corinne

4 Décris un de ces paysages en quatre phrases au moins.

5 Associe les éléments des deux colonnes pour former des phrases.

1 En 2018,
2 Cet après-midi,
3 Hier matin,
4 Ce soir,
5 Le mois prochain,
6 La semaine passée,

a on a fait un voyage à Paris.
b je me suis levé tard.
c elle va rentrer à 17 heures.
d nous partirons à la mer.
e on va dîner chez ma tante.
f la Coupe du monde de football s'est dérouleé en Russie.

LEÇON 2

Qu'il fait froid, aujourd'hui !

035 Écoute et répète.

LEXIQUE La météo

la pluie – il pleut (pleuvoir)

la neige – il neige (neiger)

le vent – il y a du vent

le brouillard – il y a du brouillard

le soleil – il fait beau

les nuages – le ciel est nuageux

il fait chaud

il fait froid

Les saisons

le printemps
(**au** printemps)

l'été
(**en** été)

l'automne
(**en** automne)

l'hiver
(**en** hiver)

036 Écoute et répète.

COMMUNICATION Parler du temps qu'il fait

- Quel temps il fait en hiver ?
- Il neige. / Il fait froid.

- Quel temps il fait au printemps ?
- Il pleut. / Il y a du soleil.

- Il fait beau. / Il y a du vent mais il fait chaud.
- La semaine prochaine, il fera froid.
- En automne, il y a souvent du brouillard.
- En été, le vent souffle fort dans cette région.

1 **Complète les phrases avec les mots donnés.**

vent • nuages • froid • brouillard • chaud • pleuvoir • neige

1 Fais attention, il y a du ... ce matin : on ne voit pas bien.
2 Il y a beaucoup de ... dans le ciel : il va ... .
3 Mets ton écharpe et ton chapeau : il fait ... aujourd'hui.
4 J'adore la ... à Noël !
5 Aujourd'hui il fait ... : on va à la mer.
6 En automne, il y a souvent du ... .

037

2 **Écoute et complète le dialogue.**

– Demain on va à la montagne. Prépare les bagages.
– Tu as regardé la [1]... ?
– Oui, il fera [2]... .
– Mais il y a encore de la [3]... !
– C'est vrai, la nuit il va faire [4]... .
– On mettra des vêtements [5]... et on ira regarder les étoiles !

3 **Associe les éléments des deux colonnes pour former des phrases.**

1 En été, quand il y a du soleil,
2 Quand il neige,
3 Quand il fait mauvais,
4 Au printemps,
5 En hiver,
6 Quand il fait beau,

a il neige souvent.
b il y a du vent, il pleut.
c il fait souvent beau.
d le soleil brille.
e il fait froid.
f il fait très chaud.

038

4 **Écoute la météo et dis quelle est la carte de la Provence correspondante.**

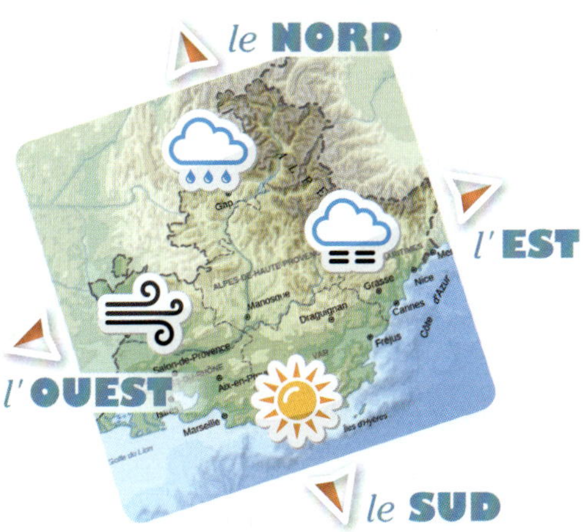

1

2

3

5 **En groupes. Écrivez au moins trois phrases sur la météo en ce moment dans votre ville/votre village. Ensuite, faites une présentation à toute la classe.**

LEÇON 3

Grammaire

Le futur

Verbes réguliers

habiter + désinences		répondr~~e~~ + désinences	
j'	habiter**ai**	je	répondr**ai**
tu	habiter**as**	tu	répondr**as**
il/elle/on	habiter**a**	il/elle/on	répondr**a**
nous	habiter**ons**	nous	répondr**ons**
vous	habiter**ez**	vous	répondr**ez**
ils/elles	habiter**ont**	ils/elles	répondr**ont**

Verbes irréguliers

être ➜ je **ser**ai
avoir ➜ j'**aur**ai
aller ➜ j'**ir**ai
devoir ➜ je **devr**ai
faire ➜ je **fer**ai
pouvoir ➜ je **pourr**ai
savoir ➜ je **saur**ai
venir ➜ je **viendr**ai
vouloir ➜ je **voudr**ai

039

1 Écoute et répète les conjugaisons.

2 Écris la conjugaison complète des verbes *regarder, mettre* et *vouloir* au futur.

3 Transforme les verbes au futur.

1 je fais ➜ ...
2 tu veux ➜ ...
3 il va ➜ ...
4 nous mettons ➜ ...
5 vous devez ➜ ...
6 ils peuvent ➜ ...
7 on sait ➜ ...
8 elles veulent ➜ ...
9 vous êtes ➜ ...
10 je viens ➜ ...

4 Complète le bulletin météo avec le futur des verbes donnés.

Des perturbations [1]... (*circuler*) sur l'Atlantique : elles [2]... (*traverser*) nos régions et elles [3]... (*apporter*) un temps humide.
Dans la région parisienne le temps [4]... (*être*) pluvieux. Dans le Centre et l'Ouest le temps [5]... (*pouvoir*) être couvert.
À l'Est il [6]... (*neiger*) à partir de 1000 mètres. Dans les régions de la Méditerranée il [7]... (*faire*) beau mais il y [8]... (*avoir*) beaucoup de vent.

5 Réponds aux questions. Fais attention aux COD.

Exemple : – Vous avez fait votre programme de voyage ? – *Non, on le* **fera demain**.

1 – Vous avez réservé votre chambre d'hôtel ?
2 – Tu as pris les dépliants ?
3 – Ils ont proposé le séjour à la mer ?
4 – Elle a regardé le guide ?
5 – Tu as appelé Nathalie ?
6 – Vous avez acheté les billets de train ?

3

Le conditionnel

Verbes réguliers

habiter + désinences		répondre + désinences	
j'	habiter**ais**	je	répondr**ais**
tu	habiter**ais**	tu	répondr**ais**
il/elle/on	habiter**ait**	il/elle/on	répondr**ait**
nous	habiter**ions**	nous	répondr**ions**
vous	habiter**iez**	vous	répondr**iez**
ils/elles	habiter**aient**	ils/elles	répondr**aient**

040 **6 Écoute et répète les conjugaisons.**

Verbes irréguliers

être ➜ je **ser**ais
avoir ➜ j'**aur**ais
aller ➜ j'**ir**ais
devoir ➜ je **devr**ais
faire ➜ je **fer**ais
pouvoir ➜ je **pourr**ais
savoir ➜ je **saur**ais
venir ➜ je **viendr**ais
vouloir ➜ je **voudr**ais

7 Écris la conjugaison complète des verbes *pouvoir*, *devoir* et *vouloir* au conditionnel.

8 Complète les phrases avec le conditionnel des verbes donnés.

1 J'... besoin d'aller en vacances. (*avoir*)
2 Qu'est-ce que tu ... faire ? (*aimer*)
3 Je ... aller au parc. (*pouvoir*)
4 On ... beaucoup à la plage. (*s'amuser*)
5 Vous ... à pied ou à vélo ? (*aller*)
6 Nous ... très heureux de te voir. (*être*)

9 Transforme les questions au conditionnel.

Exemple : Est-ce qu'elle va à la montagne ? ➜ Est-ce qu'elle irait à la montagne ?

1 Est-ce que tu me donnes ton guide ? ➜ ...
2 Est-ce que je peux voir les photos ? ➜ ...
3 Est-ce que nous devons partir ? ➜ ...
4 Est-ce qu'ils t'accompagnent ? ➜ ...
5 Est-ce que vous faites des escalades ? ➜ ...
6 Est-ce qu'il préfère le lac ? ➜ ...

Vivre

indicatif présent		participe passé
je	vis	vécu
tu	vis	futur
il/elle/on	vit	je vivrai...
nous	vivons	conditionnel
vous	vivez	je vivrais...
ils/elles	vivent	

041 **10 Écoute et répète la conjugaison.**

11 Complète les phrases avec le verbe *vivre* à l'indicatif présent.

1 Il ... à la campagne.
2 Vous ... en Angleterre.
3 Je ... dans un appartement.
4 Nous ... à la montagne.
5 Elles ... à Rome.
6 Tu ... avec ton frère ?

12 Transforme les phrases au passé composé et au futur.

Exemple : Ils vivent à la mer. ➜ Ils ont vécu à la mer. / Ils vivront à la mer.

1 Vous vivez en Italie ? ➜ ... / ...
2 Nous vivons à la campagne. ➜ ... / ...
3 Elle ne vit pas à Paris. ➜ ... / ...
4 Je vis toujours à Marseille. ➜ ... / ...

DES VACANCES... À LA CARTE !

042

Les vacances d'été sont les plus longues : en France, elles durent environ deux mois. Alors comment s'occuper ? Plusieurs possibilités...

Les centres aérés sont des centres de loisirs qui proposent des activités pendant la journée. Les enfants sont encadrés par de jeunes animateurs. Des sorties sont organisées pour aller à la piscine, faire des pique-niques, aller dans des parcs d'attractions ou bien faire des ateliers de travaux manuels (dessin, sculpture) ou de théâtre s'il pleut.

Les MJC (Maisons des Jeunes et de la Culture) proposent aux enfants et aux ados de participer pendant la journée à de petits stages sur plusieurs jours, parfois plusieurs semaines : cours de danse, de tennis, de langues étrangères, etc. On apprend et on s'amuse en compagnie d'autres jeunes du même âge.

Les colonies de vacances accueillent enfants et ados pendant une ou plusieurs semaines. La « colo » est généralement située loin de leur domicile et les jeunes sont hébergés pendant toute la durée de leur présence. Le séjour est généralement « à thème » : activités artistiques (cirque, musique, danse...), sportives (équitation, escalade, natation...) ou manuelles (cuisine ou jardinage).

L'UCPA (l'Union nationale des Centres sportifs de Plein Air) est une association qui organise des vacances sportives à travers des stages d'une à trois semaines. Les enfants sont regroupés selon leur âge : 7-11 ans, 11-13 ans et 13-17 ans. Ils sont hébergés dans des structures collectives (chambre à quatre, repas pris en commun). Tous les stages ont un point commun : ils sont en plein air (sports terrestres, nautiques, de montagne, équitation...).

1 **Lis les textes et dis si les affirmations sont vraies ou fausses. Puis corrige les affirmations fausses.**

1 Les centres aérés offrent des activités pendant la journée.
2 Dans les centres aérés des moniteurs surveillent les enfants pendant les activités.
3 Les MJC proposent de petits stages de durée variable.
4 Les colonies de vacances accueillent les enfants pendant la journée.
5 Les colonies de vacances proposent aussi des activités sportives de plein air.
6 L'UCPA est spécialisée dans les stages de langues étrangères.

2 **Relis les textes, choisis un des centres de vacances décrits et complète sa publicité.**

Pour tes vacances, rejoins notre ...
Nos activités : ...
Durée : ...

3 **Présente à tes copains le type de séjour que tu préférerais faire. Explique pourquoi.**

PROJET

MON BLOG DE VOYAGE SAISONNIER SUR MA RÉGION

Matériel :
- *1 feuille de papier*
- *1 feuille cartonnée pour le poster*
- *des feutres de coloriage*
- *de la colle et des ciseaux*

Étape 1

Travaillez par groupes de 3/4 personnes. Chaque groupe choisit une saison pour réaliser une partie du blog « Ma région au printemps/en été/en automne/en hiver ». Votre blog sera destiné aux touristes.

Étape 2

Trouvez des informations sur les sujets suivants :
- les paysages naturels de votre région
- les lieux typiques à visiter particulièrement dans la saison choisie
- la météo à cette période de l'année
- le type d'habillement recommandé à ce moment de l'année
- les conseils ou astuces pour les touristes (les meilleures photos à faire, les plats à déguster en fonction de la saison…)

Étape 3

Réalisez votre blog en insérant les informations de l'Étape 2 et des photos/illustrations afin de réaliser un blog original et informatif.

Étape 4

Chaque groupe de travail montre son blog à la classe en commentant les choix du groupe. Tous les blogs sont mis ensemble pour former le blog de votre région saison après saison.

C'est quoi, un jour férié ?

1

Un jour férié est un jour de repos, les gens ne travaillent pas et les élèves ne vont pas à l'école.

2

Certaines personnes, comme les médecins ou les policiers, travaillent aussi les jours fériés. Pour les autres, il y a onze jours fériés dans l'année.

3

D'abord, il y a trois jours de fêtes civiles (1er janvier, 1er mai, 14 juillet). Ensuite, deux jours célèbrent la fin des deux guerres mondiales (le 11 novembre et le 8 mai). Enfin, il y a six jours de fêtes religieuses catholiques : Noël, Pâques, etc.

4

Et en plus, il y a les ponts ! Ce sont des jours supplémentaires situés entre un jour férié et le week-end.

VIDÉO

1 Lis les textes, regarde la vidéo et réponds aux questions.

1 Qu'est-ce qu'un jour férié ?
2 Y a-t-il quelqu'un qui travaille aussi les jours fériés ?
3 Combien de jours fériés il y a en France ?
4 Qu'est-ce qu'un pont ?
5 Est-ce que les jours fériés célèbrent seulement des fêtes religieuses ?
6 Quelles sont les fêtes civiles en France ?

2 Quels sont les jours fériés dans ton pays ?
Fais une comparaison avec les jours fériés en France.

Dans mon pays, il y a ... jours fériés.

Les fêtes religieuses sont...

FAIS LE POINT !

3

Décrire un lieu / Parler de la météo

043

1 Écoute la conversation entre Charlotte, partie skier dans les Alpes, et Vincent, actuellement en Corse. Puis dis quelles sont les affirmations correctes.

1 Charlotte est contente de ses vacances.
2 Aujourd'hui, elle va partir faire du ski.
3 Ensuite, elle ira chez ses cousins.
4 Vincent trouve les plages corses très belles.
5 Aujourd'hui, là où il se trouve, il y a du vent et le temps est nuageux.
6 Charlotte a encore une semaine de vacances.

.../5

2 Décris les photos postées par Charlotte et Vincent sur leur profil.

1

2

3

4

.../4

3 Charlotte discute avec ses copines à propos des vacances. Choisis l'option correcte.

Charlotte : Quand je [1]*serai / serais* adulte, je [2]*partirai / partirais* en vacances au Brésil !
Samantha : Moi, j' [3]*aimerai / aimerais* bien visiter la Hollande un jour !
Léa : Moi, j' [4]*irai / irais* certainement en Écosse quand j' [5]*aurai / aurais* 18 ans, je [6]*voudrai / voudrais* visiter les lacs, ils sont tellement mystérieux…
Samantha : Bof… Moi, je [7]*préférerai / préférerais* visiter Amsterdam, il y a beaucoup de fleurs. C'est joli. Mon oncle [8]*vit / vivra* là-bas maintenant !
Charlotte : Moi, c'est sûr : j' [9]*achèterai / achèterais* une maison à Rio de Janeiro. C'est chouette, il fait chaud toute l'année…
Léa : Et nous, on [10]*viendra / viendrait* te voir, c'est certain !

.../5

4 Et pour toi, quel est le lieu idéal pour passer des vacances de rêve ? Pourquoi ?

.../6

TOTAL: .../20

Unité 4

TU VAS BIEN ?

OBJECTIFS

APPRENDRE À...

* Demander et dire comment on se sent
* Exprimer l'hypothèse, donner un conseil
* Parler des sports
* Exprimer la satisfaction, le mécontentement

DÉCOUVRIR...

* Les ados et le sport

PROJET

* Ma petite vidéo sur le sport

Épisode Vidéo 3

044 VIDÉO

CHEZ LE DOCTEUR

Mathilde : Salut maman.

Docteur : Salut. Qu'est-ce qu'il se passe ?

Mathilde : Benjamin est tombé de son VTT.

Docteur : Tu es tombé sur la route ?

Benjamin : Non, dans le parc où on va tous les après-midi.

Docteur : Tu as mal où ?

Benjamin : Mon pied gauche...

Docteur : Voyons. Oui, c'est une entorse.

Benjamin : C'est grave ?

Docteur : Non, je ne crois pas, mais je vais mettre de la glace et faire un bandage. Tu le garderas une semaine.

Benjamin : Ça fait mal ?

Docteur : Mais non ! Je vais aussi désinfecter cette égratignure et mettre un pansement. Tu devras le changer tous les jours.

Benjamin : C'est tout ?

Docteur : Reste tranquille, si tu peux. Le repos c'est le remède le plus efficace. Surtout ne bouge pas, ni aujourd'hui, ni demain.

Benjamin : D'accord, Madame.

Docteur : Si tu as de la fièvre ce soir appelle-moi. Mais tu verras, dans quelques jours ce sera un mauvais souvenir.

Benjamin : Merci docteur !

VITE DIT
VTT : vélo tout terrain

EN VIDÉO

Observe

1 Observe l'image et réponds aux questions.

1 Où se trouvent les personnages ?
2 Pour quoi faire ?
3 Quelle est la profession de la dame ?

Écoute

044
2 Écoute le dialogue et choisis l'option correcte.

1 a Benjamin est tombé de son VTT.
b Benjamin est monté sur son VTT.
2 a Benjamin a mal aux dents.
b Benjamin a mal au pied.
3 a Le docteur va faire un bandage.
b Le docteur va donner un médicament.

Lis et comprends

3 Lis le dialogue et réponds aux questions.

1 Qu'est-ce qu'il a Benjamin ? Est-ce que c'est grave ?
2 Combien de temps est-ce que Benjamin doit garder son bandage ?
3 Que fait le docteur avant le bandage ?
4 Quel est le médicament le plus efficace ?

4 Associe les éléments des deux colonnes.

1 demander comment on se sent	a Mon pied gauche... ça fait mal !
2 dire comment on se sent	b Tu devras le changer tous les jours.
3 donner des instructions	c Tu as mal où ?

J'ÉCOUTE, J'ÉCRIS Le son [ɲ]

Le son [ɲ] correspond à :
- **gne** / **gna** / **gni** / **gno** / **gnu** : châtai**gne**, si**gna**ture, ma**gni**fique, gri**gno**ter, égrati**gnu**re
- **gné** / **gnée** / **gnon** / **gnoi** / **gneau** : ga**gné**, arai**gnée**, mi**gnon**, bai**gnoi**re, a**gneau**

045
1 Écoute, lis et répète. Écris les phrases sur ton cahier et souligne le son [ɲ].

1 Ça saigne beaucoup, il faut soigner cette blessure !
2 Les nutritionnistes recommandent de ne pas grignoter entre les repas.
3 Voici une coupe de champagne pour les gagnants du concours !
4 À la campagne, on peut se baigner dans les lacs et les rivières.

046
2 Espace dictée Écoute et écris sur ton cahier.

LEÇON 1

Oh là là, j'ai mal partout !

047 **Écoute et répète.**

LEXIQUE Le corps

048 **Écoute et répète.**

COMMUNICATION Demander et dire comment on se sent

Parler des sensations physiques

- Qu'est-ce que tu as ?
- J'ai… chaud / froid / faim / soif / sommeil / peur…
- Où est-ce qu'il a mal ?
- Il a mal… à la tête / aux oreilles / au pied / aux dents…
- Vous avez mauvaise mine. Qu'est-ce qui se passe ?
- Nous sommes fatigués. Nous avons besoin de… repos / dormir.
- Ça va ? / Comment vas-tu ? / Comment tu te sens ?
- Je suis en pleine forme et j'ai envie de recommencer à jouer au tennis !

049 Écoute et répète.

COMMUNICATION Exprimer l'hypothèse, donner un conseil

Si + présent → impératif

- **Si** tu as de la fièvre, **prends** une aspirine !

Si + présent → présent

- **Si** tu es malade, **tu dois** rester au lit.

Si + présent → futur

- **Si** tu ne te couvres pas, **tu auras** la grippe.

- Tu as une égratignure au genou : **tu devrais** mettre un pansement.
- Tu t'es blessé au bras : **je te conseille de** faire un bandage.

050 **1 Écoute. Quels mots tu entends ?**

tête	nez	jambe
oreilles	dents	genou
bouche	bras	pieds
œil	main	ventre

051 **2 Écoute et dis si les personnes vont bien ou si elles sont malades.**

3 Observe les dessins et complète le texte.

Jean-Luc [1]... dans la cour du collège pendant qu'il jouait [2]... . Il s'est fait mal au [3]... et au [4]... . On l'a accompagné chez l'infirmière qui lui a mis de la glace. Ensuite, elle lui a fait [5]... au pied. Ce n'est pas grave et, le lendemain, il pourra aller à l' [6]... .

4 Écris un texto/un mail à ton copain/ta copine pour lui dire comment tu vas aujourd'hui.

052 **5 Écoute et dis si on demande ou si on donne des instructions.**

6 Donne des conseils a ton/ta camarade.

1 J'ai de la fièvre. → ...
2 Je suis blessé. → ...
3 Je suis toujours fatigué. → ...
4 J'ai une égratignure. → ...

LEÇON 2

Bravo ! Tu as gagné !

053 Écoute et répète.

LEXIQUE Les sports

le volley

le basket

le ski

le VTT (vélo tout terrain)

les rollers

le skate-board

le karaté

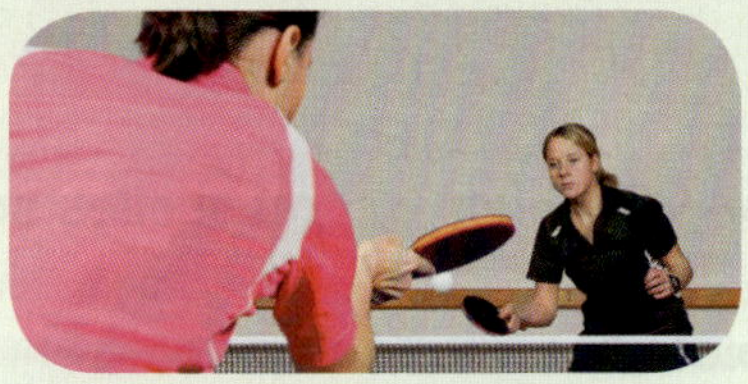
le tennis de table

l'équitation

l'escalade

la planche à voile

le rafting

054 Écoute et répète.

COMMUNICATION Exprimer la satisfaction, le mécontentement

- Même si c'était difficile, on a gagné le match de basket.
- Chapeau ! C'est formidable !

- J'ai eu une médaille à la compétition de karaté.
- Bravo, c'est génial !

- On va partir pour une semaine de stage de planche à voile.
- Ça me fait très plaisir.

- J'ai finalement appris à skier !
- Génial ! Je suis fier de toi !

- On a perdu le match de volley, quel dommage... je suis très déçu !
- Tant pis ! L'autre équipe était bien plus forte...

- J'ai décidé d'arrêter mon cours d'équitation.
- Tu te moques de moi ? Je ne suis pas du tout content !

055

1 **Complète le texte puis écoute et vérifie.**

Il a pris sa raquette parce qu'il veut jouer au [1]... dans la salle de jeux mais son ami a pris son [2]... pour aller dans un skatepark. Marc n'ira pas avec eux, il veut faire de la [3]... sur le lac : il y a du vent aujourd'hui !
Et Marie va faire de l'[4]... : son cheval l'attend !
Juliette se prépare pour le [5]... : c'est une karatéka très habile !

2 **Observe les images et associe-les aux dialogues.**

a

b

c

1 – J'adore faire du VTT !
– Ça me fait plaisir, c'est parfait pour la santé.

2 – J'adore le rafting et je n'ai plus peur !
– Je suis très fière de toi !

3 – Il faut arrêter l'escalade : il a commencé à pleuvoir !
– Quel dommage, on vient de partir !

attention !

Jouer...
au volley, **à la** console, **à l'**ordinateur, **aux** cartes...

Faire...
du ski, **de la** planche à voile, **de l'**équitation...

3 **Associe les phrases des deux groupes pour former des dialogues.**

1 Samedi, je vais disputer la finale de tennis de table !
2 J'ai arrêté mon cours de karaté.
3 J'ai eu une médaille d'or à la compétition de ski !
4 On a commencé un cours d'équitation.

a Bravo ! Nous sommes fiers de toi.
b C'est formidable ! Bonne chance !
c C'est génial, les chevaux sont extraordinaires !
d Tu te moques de moi ? Tu viens de commencer !

4 **À deux. Créez des dialogues en utilisant les expressions données.**

gagner le match de volley
prendre un cours de ski
arrêter de jouer au tennis de table
s'inscrire à une compétition internationale de planche à voile
perdre un match de basket

Chapeau !
Tu te moques de moi ?
C'est formidable !
Bravo !
Je ne suis pas du tout content !
C'est génial !
Tant pis !

Ils ont gagné le match de volley !

Chapeau !

LEÇON 3

Grammaire

Les pronoms relatifs *dont* et *où*

EN VIDÉO

DeA LINK

dont = complément du nom introduit par ***de***

C'est un jeune médecin. On parlera beaucoup de ce médecin. ➜
C'est un jeune médecin ***dont*** *on parlera beaucoup.*

Je dois acheter un ordinateur. J'ai besoin de cet ordinateur pour travailler. ➜
Je dois acheter un ordinateur ***dont*** *j'ai besoin pour travailler.*

où = complément de lieu ou de temps

La Champagne est une région de France. On produit beaucoup de vin en Champagne. ➜
La Champagne est une région de France ***où*** *on produit beaucoup de vin.*

Il est tombé un jour de mai. Il faisait froid ce jour-là. ➜
Il est tombé un jour de mai ***où*** *il faisait froid.*

1 Complète les phrases avec *dont* ou *où*.

1 Il y a des magasins ... on trouve un peu de tout.
2 Le corres ... je t'ai parlé arrivera demain.
3 La pharmacie ... on a acheté les médicaments est très grande.
4 Janvier est un mois de l'année ... il fait très froid.
5 Le médecin ... il m'a donné le numéro de téléphone est très jeune.

2 Complète les phrases avec le pronom *dont*.

Exemple : Il fait partie de l'équipe du Racing. ➜ Le Racing ? C'est l'équipe *dont il fait partie.*

1 Nous rêvons d'un stage d'équitation. ➜ Un stage d'équitation ? C'est le stage ... .
2 Je t'ai parlé du Club Karaté. ➜ Le Club Karaté ? C'est le club ... .
3 J'apprécie la technique de ce champion de ski. ➜ C'est un champion de ski ... .
4 Elle a besoin d'un médicament. ➜ C'est le médicament ... .

3 Forme des phrases avec le pronom *où*.

Exemple : le parc / je fais du roller ➜ C'est le parc *où je fais du roller.*

1 la route / il est tombé de son vélo ➜ C'est la route ... .
2 le jour / on a gagné le match ➜ C'est ... .
3 le week-end / je participerai au tournoi ➜ C'est ... .
4 le gymnase / il s'est inscrit ➜ C'est ... .

4 Remets les phrases dans le bon ordre.

1 comprimés / J' / besoin / dont / achète / tu / les / as / .
2 mal / as / Dis- / où / moi / tu / .
3 dont / parlé / J' / vu / le / ai / tu / médecin / m'as / .
4 La / souvent / est / région / pleut / Bretagne / une / où / il / .

EN VIDÉO

Le superlatif relatif

le la les	+	plus moins	+	adjectif ou adverbe	+	de du de la

C'est le garçon **le plus** *sympa* **de** *la classe.*
C'est la thérapie **la moins** *efficace (***de** *toutes).*
Ce sont les sports qu'on pratique **le moins** *souvent (***de** *tous).*

5 Forme des phrases avec les éléments donnés.

Exemples : **A** fille / sportive (+) / collège ➜ *C'est la fille la plus sportive du collège.*
B film / je / regarder / souvent (+) ➜ *C'est le film que je regarde le plus souvent.*

1 livre / intéressant (+) / bibliothèque ➜ ...
2 sport / difficile (+) / tous ➜ ...
3 matière / facile (–) / toutes ➜ ...
4 médicaments / nous / prendre / souvent (–) ➜ ...
5 équipe / forte (–) / championnat ➜ ...
6 exercices / elle / corriger / facilement (–) ➜ ...
7 jeux / vous / faire / rarement (+) ➜ ...
8 objet / tu / utiliser / souvent (–) ➜ ...

Voir et mettre

indicatif présent	
je	vois
tu	vois
il/elle/on	voit
nous	voyons
vous	voyez
ils/elles	voient
participe passé	
vu	
futur	
je verrai...	

indicatif présent	
je	mets
tu	mets
il/elle/on	met
nous	mettons
vous	mettez
ils/elles	mettent
participe passé	
mis	
futur	
je mettrai...	

056

6 Écoute et répète la conjugaison des verbes *voir* et *mettre*.

7 Complète les phrases avec les verbes donnés au temps qui convient.

1 Tu … ? Il est tombé du vélo et il s'est blessé. (*voir*)
2 Vous irez à la fête demain ? Qu'est-ce que vous … ? (*mettre*)
3 Demain vous … M. Leduc : vous lui direz que je vais bien. (*voir*)
4 Tu … de la glace sur ton genou hier ? (*mettre*)
5 Avec mes nouvelles lunettes, je … mieux. (*voir*)
6 Vous … un bandage sur la blessure. (*mettre*)
7 Quand il fait du roller, il … son casque. (*mettre*)
8 Il … le médecin la semaine prochaine. (*voir*)

LES ADOS ET LE SPORT

Tout le monde est d'accord pour dire que le sport fait du bien au corps et à l'esprit : il diminue le stress, il enseigne des valeurs (la discipline, les règles, le respect des autres) et il maintient en bonne forme physique.

Selon un sondage*, la majorité des jeunes de 12 à 15 ans préfère jouer au ballon plutôt que jouer à la console ou regarder la télévision. Les jeunes sont attirés par le sport parce qu'ils ont un vrai contact avec les autres jeunes alors que les jeux vidéo sont interactifs mais ils restent virtuels.

Donc, les ados aiment le sport mais… en font-ils suffisamment ? La réponse est NON ! On recommande aux jeunes de faire une heure d'activité physique par jour mais seulement 6 garçons sur 10 ont une activité physique suffisante (et seulement 1 fille sur 4).

Alors où est le problème ? Par exemple : le prix élevé des activités sportives, l'organisation de la famille, le temps passé à étudier, les horaires non adaptés, la distance entre le club sportif et la maison.

À la question « pourquoi tu fais du sport ? », voilà quelques réponses des ados interrogés :

- pour me faire plaisir
- pour me sentir bien
- pour avoir des amis
- pour me défouler

Pour les jeunes qui ne font pas de sport, on recommande de se déplacer à pied tous les jours et de diminuer le temps passé à l'ordinateur et devant la console.

* OpinionWay publié dans *Le Figaro*

1 Lis le texte et dis si les affirmations sont vraies ou fausses. Corrige les affirmations fausses.

1. Le sport est salutaire pour le corps et l'esprit.
2. Les jeux vidéo permettent d'avoir un vrai contact avec les autres.
3. La majorité des jeunes fait suffisamment de sport.
4. Les filles font plus de sport que les garçons.
5. Parfois les ados ne font pas de sport parce que c'est cher.
6. Certains ados pensent que le sport est utile pour se défouler.

2 Relis le texte et indique trois raisons pour faire du sport.

3 Réponds au sondage « Les ados et le sport ».

- Aimes-tu le sport ?
- Quels sports tu pratiques ou tu voudrais pratiquer ?
- Combien d'heures par jour passes-tu devant l'ordinateur ?

PROJET

MA PETITE VIDÉO SUR LE SPORT

Matériel :
- *1 téléphone portable*
- *1 ordinateur*
- *plusieurs feuilles de papier et crayons*

Étape 1

Travaillez par groupes de 3/4 personnes. Chaque groupe choisit un thème : le sport à l'école, les activités sportives en dehors de l'école, être le supporter d'une équipe, aimer un sport qui n'est pas populaire dans son pays.

Étape 2

À partir du thème choisi, complétez les étapes suivantes afin de tourner une vidéo de 3 minutes maximum sur votre sujet :

- décidez les « séquences » que vous filmerez (chaque séquence dure moins d'une minute) ;
- choisissez les lieux où vous allez filmer ;
- écrivez le commentaire qui accompagnera les images de la vidéo ;
- donnez un titre (en français) à votre petit film.

Étape 3

- Filmez toutes les séquences.
- Passez au montage des séquences.

Étape 4

Chaque groupe de travail présente sa vidéo à la classe. L'ensemble des vidéos est monté pour montrer les différents aspects du sport vus par les ados.

À quoi ça sert de faire du sport ?

1

Certaines personnes pensent qu'il est inutile de faire du sport mais l'activité physique est très importante. Quand on bouge, les muscles travaillent pour rendre notre corps plus souple et fort, et les os deviennent plus solides.

2

Faire du sport entretient tout notre corps : cerveau, poumons, cœur. Et pour cela, le corps utilise les graisses et le sucre. Le sport a également d'autres avantages : développer l'agilité, apprendre à faire des efforts pour progresser, écouter et respecter les règles.

3

C'est aussi un moment de plaisir qui fait oublier la colère et la tristesse. Et un moment de partage parce que souvent il se pratique avec des copains ou en famille.

4

Enfin, le sport c'est la découverte : il existe de nombreuses activités où l'on peut rencontrer des gens différents et passionnés. Voilà pourquoi les médecins conseillent de faire une heure de sport par jour !

VIDÉO

1 Lis les textes, regarde la vidéo et réponds aux questions.

1 Quels sont les avantages du sport quand on bouge ?
2 Quels sont les organes impliqués dans l'activité sportive ?
3 Quels sont les autres avantages du sport ?
4 Que fait oublier le sport et pourquoi ?
5 Pourquoi le sport a une importance sociale ?
6 Le sport est aussi une matière scolaire. Comment il se pratique dans votre école ?

2 Fais une liste de tous les avantages du sport et classe-les suivant ton ordre d'importance personnel.
Ensuite, compare ta liste avec celles de tes copains.

D'après moi, l'avantage principal du sport est…

FAIS LE POINT ! 4

Demander et dire comment on se sent

058

1 Karim téléphone à Antoine. Écoute leur conversation et dis si les affirmations sont vraies ou fausses. Corrige les affirmations fausses.

1 Antoine a mal à la tête et aux oreilles.
2 Antoine est très fatigué.
3 Karim lui dit de téléphoner à ses parents.
4 Antoine ne sait pas où sont ses parents.
5 Karim décide d'aller chez Antoine.
6 Antoine n'est pas très content de voir Karim.

.../6

2 Antoine envoie des textos à sa mère après le passage du médecin. Lis leur échange et énumère 4 choses que le médecin a dites à Antoine.

Antoine : Je dois prendre deux comprimés de Dolapran.
La mère : C'est quoi ?
Antoine : C'est pour le mal à la tête. Je dois aussi mettre du Nasex dans le nez.
La mère : Combien de fois par jour tu en mets ?
Antoine : J'en mets trois fois par jour.
La mère : C'est tout ?
Antoine : Le médecin a dit que la chose la plus efficace, c'est de rester au lit. Il me voit encore dans deux jours si je suis toujours fatigué.
La mère : Bien. Moi, je te vois dans une heure. Je suis en train d'arriver.
Antoine : Formidable !

.../4

Parler de sport

3 Quelle partie du corps les sports suivants vont-ils faire travailler ?

jambes • bras • dos • abdominaux

1

2

3

4

5

6

.../6

4 Ta famille et toi, vous êtes sportifs ? Si oui, dis ce que vous faites. Sinon, indique le sport ou les sports que tu aimerais bien pratiquer.

.../4

TOTAL: .../20

PRÉPA DELF

COMPRÉHENSION DES ÉCRITS

1 Tu es en vacances en France. Tu veux proposer des activités sportives à tes amis. Lis le programme du centre sportif et associe le numéro de l'activité à la situation correspondante.

1 Vous aimez la nature et les paysages verts ? Choisissez un sport en plein air. Découvrez les plaisirs des promenades sportives en VTT.

2 Pour apprendre à jouer en groupe et pour vous amuser pendant les matchs de basket, venez rejoindre notre équipe de basketteurs débutants.

3 Vous aimez les sensations fortes et le contact avec la nature ?
Faites de l'escalade en toute sécurité avec nos moniteurs professionnels.

4 Du saut, des courses ou simplement des balades dans la nature. Des entraîneurs vont vous faire découvrir les joies de l'équitation.

5 Apprenez les techniques d'un sport de combat et découvrez tous les secrets du karaté, le plus populaire des arts martiaux.

a Esmeralda adore les chevaux.

b Hugo aime la montagne et les sports extrêmes.

c Rachel aime faire du vélo.

d Sylvain aime les jeux de balle en équipe.

e Lucie veut apprendre un sport de combat.

2 Lis le texte et réponds aux questions.

Petits conseils santé pour l'été !

C'est l'été et le soleil est au rendez-vous. Mais attention, la chaleur peut provoquer des problèmes de santé. Voici nos petits conseils pour bien profiter des beaux jours, en pleine forme.

- Mettez une casquette pour protéger votre tête du soleil.
- Buvez beaucoup d'eau pendant la journée. C'est important !
- Mangez des fruits et des légumes tous les jours pour une alimentation saine.
- Allez à la mer le matin et l'après-midi après 16 heures, le soleil est moins fort.
- N'oubliez pas d'utiliser la protection solaire sur les bras, le ventre, le dos et les jambes.

1 Cet article concerne quelle saison ?
a Le printemps. **b** L'été. **c** L'automne.

2 Vrai ou faux ? Justifie ta réponse.
Le soleil est toujours bon pour la santé. **a** Vrai. **b** Faux.
Justification : …

3 Pour protéger la tête, il faut mettre…

a

b

c

4 Que doit-on manger pour une bonne alimentation ?

5 Quelle partie du corps faut-il protéger avec la crème solaire ?

a Le dos. **b** Les pieds. **c** Les oreilles.

COMPRÉHENSION DE L'ORAL

059

3 Écoute le message et réponds aux questions.

1 Ce message donne des informations sur…

a des destinations de vacances. **b** le temps qu'il fait. **c** des spécialités régionales.

2 Quelle est la situation au nord dans la journée ?

a

b

c

3 Quel temps fera-t-il dans les régions du sud ?

a Chaud. **b** Froid. **c** Nuageux.

4 Où y aura-t-il des pluies et des orages dans la nuit ?

a Au nord. **b** Au sud. **c** À l'est.

5 Dans les montagnes, il y aura…

a de la neige. **b** du brouillard. **c** du vent.

060

4 Lis les situations, écoute les dialogues et associe chaque dialogue à la situation correspondante.

a décrire un lieu

b être content

c demander comment on se sent

d parler du temps qu'il fait

PRODUCTION ÉCRITE

5 Tu es en vacances avec tes parents. Tu écris à ton ami(e) français(e) pour lui raconter ton séjour. Tu décris le lieu, tu parles du temps qu'il fait. Tu donnes tes impressions (satisfait/e, mécontent/e, etc.) (60 mots minimum).

PRODUCTION ORALE

6 Jeux de rôle. Ton ami(e) français(e) n'a pas bonne mine. Tu lui poses des questions pour savoir comment il/elle se sent. Tu lui donnes des conseils.

Unité 5

JE VAIS DEVENIR...

OBJECTIFS

APPRENDRE À...

* Parler de ses aptitudes et de ses capacités
* Parler de musique
* Dire ce qu'on veut devenir
* Exprimer l'appartenance
* Situer dans le temps (2)

DÉCOUVRIR...

* La cuisine et la musique au Maghreb et aux Antilles

PROJET

* Mon musée de la musique

Épisode Vidéo 4

TU VEUX ÊTRE QUOI ?

061

VIDÉO

Li Na : Salut Benjamin !

Benjamin : Salut. Le prof n'est pas là ?

Lucas : Non, il va arriver dans quelques minutes, il est allé chercher un violon.

Benjamin : Un violon ?

Li Na : Oui, c'est pour Julie.

Benjamin : Elle fait de la musique ?

Li Na : Oui, elle joue du violon ! Et toi, tu aimes la musique ?

Benjamin : Je joue de la guitare mais je ne suis pas très pro.

Li Na : Il faut travailler un peu plus, c'est tout. Cette guitare, c'est la tienne ?

Benjamin : Non... mais tu as raison : je dois essayer d'être plus sérieux. En fait, j'aimerais être musicien.

Lucas : Cool ! Moi, mon truc, c'est la nature.

Li Na : Qu'est-ce que tu voudrais devenir ?

Lucas : Je ne sais pas encore exactement, une profession qui a un rapport avec les arbres, la terre, la campagne.

Li Na : Agriculteur, jardinier... tu as le choix ! Tu pourrais devenir véto, comme mon père !

Benjamin : Mais il est où le prof ? Il est tard !

VITE DIT

pro : professionnel
véto : vétérinaire

EN VIDÉO

Observe

1 Observe l'image et réponds aux questions.

1 Où sont les élèves ?
2 Qu'est-ce qu'ils sont en train de faire ?
3 Est-ce que le professeur est là ?
4 À ton avis, ils parlent de quoi ?

Écoute

061

2 Écoute le dialogue et choisis l'option correcte.

1 a Le professeur est dans la classe.
b Le professeur n'est pas dans la classe.
2 a Julie joue du violon.
b Julie joue de la flûte.
3 a Benjamin joue assez bien du violon.
b Benjamin joue assez bien de la guitare.
4 a Lucas préfère la musique.
b Lucas préfère la nature.

Lis et comprends

3 Lis le dialogue et réponds aux questions.

1 Pourquoi le professeur n'est pas là ?
2 Est-ce que Benjamin joue du violon ?
3 Qu'est-ce qu'il faut faire pour progresser à la guitare ?
4 Que veut devenir Benjamin plus tard ?
5 Que veut devenir Lucas plus tard ?
6 Quelle est la profession du père de Li Na ?

4 Associe les éléments des deux colonnes.

1 parler de ses aptitudes et de ses capacités
2 dire ce qu'on veut devenir

a Je joue de la guitare.
b J'aimerais être musicien.

J'ÉCOUTE, J'ÉCRIS Les sons [s] et [z]

- Le son [s] correspond à **s** / **ss** / **sc** / **c** / **ç** / **t** : *salut, essayer, descendre, cette, ça, attention*
- Le son [z] correspond à **s** / **z** : *raison, zoo, ozone*

062

1 Écoute, lis et répète. Indique le son [s] et le son [z].

1 Le français est parlé en Suisse et au Sénégal.
2 – Quel est ton signe du zodiaque ? – Balance, ascendant scorpion.
3 J'adore la cuisine espagnole et ses spécialités.
4 Pour devenir zoologiste, il faut suivre des études scientifiques.

063

2 Espace dictée Écoute et écris sur ton cahier.

LEÇON 1

Tu joues de la guitare ?

064 Écoute et répète.

LEXIQUE La musique et les instruments

la flûte

le piano

le violon

la guitare classique

la guitare électrique

la basse

la batterie

l'orchestre

le chanteur / la chanteuse

065 Écoute et répète.

COMMUNICATION Parler de ses aptitudes et de ses capacités

- Il sait jouer du violon ?
- Oui, il est doué. C'est un excellent musicien.

- Tu es fort en chant ?
- Non, je chante faux !

- Je suis assez doué pour chanter mais je ne sais pas jouer de la guitare.
- Je suis nul en musique, je ne sais pas lire ma partition.
- Je sais jouer de la basse.
- Je suis capable de diriger un orchestre.

066

1 Complète les phrases puis écoute et vérifie.

1 Un ... se compose de plusieurs musiciens.
2 Chaque musicien a sa ... devant lui.
3 La guitare et le violon sont des ... .
4 La ... est l'instrument qui donne le rythme.

attention !
- **jouer de la** basse
- **jouer dans** un film

067

2 Écoute les sons et indique à quels instruments ils appartiennent.

a le violon
b le piano
c la flûte
d la basse
e la batterie
f la guitare électrique

068

3 Écoute les répliques et associe-les aux images.

a

b

c

4 Lis le témoignage de Kévin et réponds aux questions.

La musique

Je joue du violon depuis 6 ans et cet été j'ai participé à un stage de musique pour les jeunes musiciens du monde. Pour participer à ce stage, il faut avoir de 10 à 17 ans et savoir jouer d'un instrument. Tous les instruments de l'orchestre sont les bienvenus !
Les profs sont d'excellents musiciens et j'ai adoré l'ambiance ! J'ai connu d'autres jeunes musiciens de différents pays et on est restés en contact.
Durant mon séjour, j'ai perfectionné ma technique musicale, élargi mon répertoire et développé l'écoute. Aujourd'hui, je suis capable de jouer en concert et je sais produire des morceaux plus difficiles. À la fin du stage, nous avons réalisé un projet musical avec un concert et un spectacle. Toute ma famille est venue. Quelle émotion !
Je garderai toujours de bons souvenirs de ce stage et je suis motivé pour continuer !

1 De quel instrument joue Kévin ?
2 Qu'est-ce qu'il a fait cet été ?
3 Qu'est-ce qu'il a appris pendant son séjour ?
4 Qu'est-ce qu'il sait faire aujourd'hui ?

5 Un/Une élève au tableau demande à ses copains s'ils jouent d'un instrument et il/elle note le nom de l'instrument. Regardez le tableau, puis écrivez un texte pour décrire combien de musiciens il y a dans la classe et quels sont leurs instruments.

LEÇON 2

Que veux-tu devenir ?

069 Écoute et répète.

LEXIQUE Les professions

le médecin

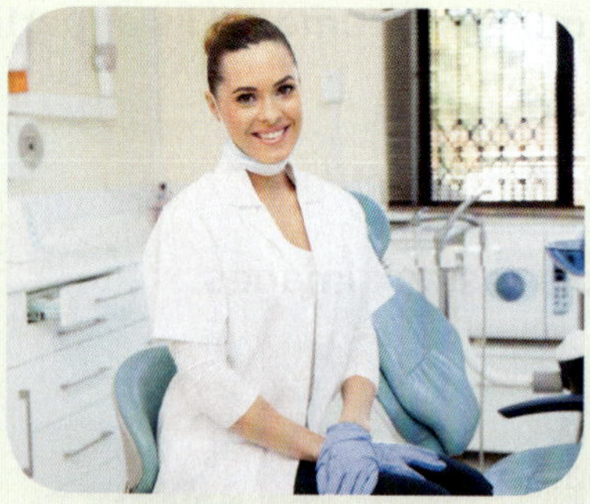
le / la dentiste

le chauffeur

l'architecte

l'avocat / l'avocate

le jardinier / la jardinière

le boulanger / la boulangère

le / la vétérinaire

le mécanicien / la mécanicienne

et aussi… l'animateur / l'animatrice
l'employé / l'employée
l'infirmier / l'infirmière
l'éducateur / l'éducatrice
l'acteur / l'actrice
le / la journaliste

070 Écoute et répète.

COMMUNICATION Dire ce qu'on veut devenir

- Je veux devenir mécanicien comme mon oncle.
- J'aimerais devenir vétérinaire.
- Quand je serai grand, je serai architecte.

1 **Quelle est leur profession ?**

1 Il soigne les malades : ...
2 Elle répare les voitures : ...
3 Il joue au cinéma : ...
4 Elle prépare le pain et les gâteaux : ...

071

2 **Écoute et associe les dialogues aux dessins.**

3 **Lis le texte. Pour chaque personne, écris son prénom, son aptitude et ce qu'elle voudrait devenir.**

Hier, j'ai rencontré Christophe. Dans sa classe on a commencé à parler des professions. Il est très sympa : c'est pour cela qu'il voudrait devenir animateur. Son ami Jean-Luc pense au contraire être éducateur.
Il pourrait aussi devenir moniteur ou prof, de français par exemple : il étudie sérieusement.
Qu'est-ce qu'on pourrait conseiller à Louise qui aime aider les autres ? Devenir médecin ou infirmière. Olivier aime le sport, pour lui l'avenir serait prof d'EPS ! Quant à moi, j'aime beaucoup voyager : je devrais choisir entre animatrice et actrice !

4 **Complète le dialogue avec les mots donnés.**

vétérinaire • avenir • artistes • professions • médecin • devenir • chanteur • actrice

Professeur : Vous avez des idées à propos de vos futures [1]... ? Quels sont vos projets pour l' [2]... ?
Didier : Moi, je veux devenir [3]..., pédiatre en particulier. J'ai deux petits frères et j'adore les enfants !
Lélie : Mon rêve est de devenir [4]... et d'interpréter des rôles comiques. J'espère [5]... célèbre et voyager partout.
Professeur : C'est dur ! Et toi, Philippe ?
Philippe : Moi, je rêve de travailler comme [6]... . J'adore les animaux ! Je compte ouvrir une clinique pour les animaux et faire aussi du bénévolat dans des associations.
Professeur : C'est bien ! Et toi, Ludovic ?
Ludovic : Moi, je chante dans un groupe de quatre personnes et je veux devenir [7]... !
Professeur : Oh là là, une classe d' [8]... !

5 **Chacun demande à son copain / sa copine ce qu'il / elle veut faire demain et pourquoi. Vous organisez une enquête dans la classe pour trouver la profession la plus choisie. Discutez les résultats.**

LEÇON 3

Grammaire

Les pronoms possessifs

singulier		pluriel	
masculin	féminin	masculin	féminin
le mien le tien le sien	la mienne la tienne la sienne	les miens les tiens les siens	les miennes les tiennes les siennes
le nôtre le vôtre le leur	la nôtre la vôtre la leur	les nôtres les vôtres les leurs	

Mon médecin et ***le tien****.*
Sa profession et ***la nôtre****.*
Nos guitares et ***les vôtres****.*
Vos amis et ***les siens****.*

attention !

Pour exprimer l'appartenance, on peut aussi dire :

C'est à qui… ? / À qui est… ?
C'est à… moi, toi, lui/elle.

C'est à qui… ? / À qui sont… ?
Ce sont à… nous, vous, eux/elles.

À qui est ce violon ?
C'est le mien.

1 Remplace les mots soulignés par le pronom possessif qui convient.

Exemple : Sa profession est aussi intéressante que ta profession. → *la tienne*

1 Ton choix a été difficile mais leur choix a été plus compliqué. → ...
2 Dans mon sac à dos j'ai mes livres et ma flûte, dans ton sac à dos il n'y a rien. → ...
3 Je ne trouve plus mes CD, je pense qu'ils sont cachés sous vos CD. → ...
4 Ma guitare est là mais votre guitare, elle est où ? → ...
5 Mes amies sont en vacances, ses amies sont à la maison. → ...
6 Ta sœur est médecin, ma sœur est infirmière. → ...

2 Complète les phrases avec un adjectif ou un pronom possessif.

1 Moi, j'ai connu tes amis, toi, tu as connu ... .
2 Pierre, Nathalie, rangez ... affaires.
3 ... amie Corinne m'a montré les photos de ... concerts.
4 Madame, notre numéro de portable n'a pas changé, et ... ?
5 Yves, tu as remarqué que ma partition est plus difficile que ... ?
6 Si je te donne ... instrument, tu me donneras ... ?

3 Réponds aux questions.

Exemple : – La trousse est à Camille ? *– Oui, elle est à elle.*

1 – Les livres sont à Léa ?
2 – Les lunettes sont à vous ?
3 – Le pantalon est à Pierre ?
4 – La maison est à M. et Mme Férin ?
5 – Le cadeau est à ta sœur ?
6 – L'appartement est à Corinne et Marta ?

Les indicateurs de temps

depuis / il y a (durée dans le passé)	Je suis parti **depuis / il y a** un mois.
dans (moment précis dans le futur)	Tu seras vétérinaire **dans** cinq ans.
pour (durée dans le futur)	Il a signé un contrat **pour** trois ans.
jusqu'à (moment précis dans le futur)	Ils resteront **jusqu'à** 7h.

4 Remets les répliques du dialogue dans le bon ordre.

- **a** Jusqu'à la fin du mois.
- **b** Eh bien, alors, bonnes vacances !
- **c** Et jusqu'à quand y resterez-vous ?
- **d** Dans une semaine.
- **e** Quand est-ce que vous êtes allés en Italie la dernière fois ?
- **f** [1] Dans combien de temps vous partez pour l'Italie ?
- **g** Il y a trois ans.

5 Complète les phrases avec les indicateurs de temps qui conviennent.

1. J'ai commencé à jouer de la guitare ... quatre ans.
2. Ils sont arrivés ... cinq minutes et ils partiront ... deux heures.
3. Nous partons ... une semaine.
4. Je resterai à Paris ... demain.

Essayer

indicatif présent		participe passé
j'	essaie (essaye)	essayé
tu	essaies (essayes)	**futur**
il/elle/on	essaie (essaye)	j'essaierai (essayerai), ...
nous	essayons	
vous	essayez	
ils/elles	essaient (essayent)	

072 **6 Écoute et répète la conjugaison.**

attention !
Envoyer
j'enverrai (futur)
j'enverrais (conditionnel)

7 Complète les phrases avec les verbes indiqués à l'indicatif présent, à l'impératif ou au futur.

1. ... cette jupe Madame, elle est jolie ! (*essayer*)
2. Nous ... notre cours la semaine prochaine. (*payer*)
3. Est-ce qu'ils ... s'ils écoutent de la musique classique ? (*s'ennuyer*)
4. Marion, ... -lui un texto ! (*envoyer*)
5. J'... de devenir vétérinaire, un jour ! (*essayer*)
6. Demain, j'... un mail à Camille. (*envoyer*)

8 Écris sur ton cahier les formes demandées des verbes indiqués.

1. tu ... (*appuyer - futur*)
2. elle ... (*s'ennuyer - conditionnel*)
3. vous ... (*essayer - passé composé*)
4. nous ... (*envoyer - futur*)
5. je ... (*payer - conditionnel*)
6. ils ... (*employer - passé composé*)

La cuisine et la musique au MAGHREB et aux ANTILLES

073

Le Maghreb inclut trois pays qui ont des liens très forts avec la France : l'**Algérie**, la **Tunisie** et le **Maroc**.

La cuisine du Maghreb est riche et variée. Le plat le plus représentatif, c'est le **couscous** (à base de semoule de blé, légumes et viande). En France, on l'adore : un sondage* récent l'a mis à la troisième place comme « plat préféré » des Français. D'autres plats typiques sont le **tajine** (un ragoût de viande ou de légumes cuit dans un plat de cuisson typique en terre cuite) et la **chorba** (une soupe traditionnelle très piquante).

Originaires d'Algérie, Kahled et Faudel chantent tous les deux le « **raï** », un style de musique traditionnel qui a connu un joli succès en France. Récemment, le raï s'est modernisé : il existe maintenant en version RnB.

* sondage Sofres

La **Guadeloupe** et la **Martinique** sont les îles les plus connues des **Antilles françaises**. Même si elles sont lointaines, leur culture est très présente en France métropolitaine.

La cuisine antillaise est très populaire parce qu'elle est simple, facile et surtout... délicieuse. Ses plats sont souvent à base de poisson, d'épices (piments, curry et curcuma) et d'ingrédients exotiques.

La musique antillaise a pour origine des musiques traditionnelles très rythmées qui datent de la période de l'esclavage (**bèlè**, **biguine**). Les tendances les plus récentes de la musique créole sont le **zouk** et le **ragga**.

1 Compléte les phrases.

1 Le plat que beaucoup de Français aiment bien manger c'est...
2 La chorba est...
3 Les aliments de base de la cuisine antillaise sont...
4 La musique antillaise a pour origine...
5 Ses tendances les plus récentes sont...

074

2 Écoute et choisis l'option correcte.

Salut, je m'appelle [1] *Mélissa / Theresa*. J'habite à [2] *Sainte-Marie / Sainte-Anne*. C'est une petite ville à côté de Fort-de-France, la capitale de la [3] *Guadeloupe / Martinique*. J'aime beaucoup [4] *mon île / ma ville.* À la maison, je parle le [5] *français / créole** mais à l'école on parle le [6] *créole / français*. Ma mère cuisine très bien, sa spécialité c'est le colombo de [7] *porc / poulet*.

* mélange de français, anglais et espagnol

3 Réalise une affiche touristique pour la Martinique.

PROJET

MON MUSÉE DE LA MUSIQUE

Matériel :
- *1 téléphone portable ou 1 ordinateur*
- *1 feuille cartonneé pour le poster*
- *des feutres/crayons de coloriage*
- *de la colle et des ciseaux*

Étape 1

Travaillez par groupes de 3/4 personnes. Chaque groupe choisit un pays du Maghreb (Maroc, Tunisie, Algérie), une île des Antilles françaises (Guadeloupe, Martinique), de l'Océan Indien (La Réunion) ou de l'Océan Pacifique (Tahiti).

Étape 2

Faites une recherche sur la musique traditionnelle ou populaire du lieu choisi en cherchant des informations sur les questions suivantes :

- l'origine de cette musique
- les différents genres de musique présents sur ce territoire
- une petite description de chaque genre
- les instruments typiques

Étape 3

Réalisez un poster sur les éléments recherchés dans la deuxième étape avec le titre suivant : « La musique traditionnelle du/de la/de l' … ». Illustrez richement chaque section avec des photos ou des dessins très colorés. Recherchez un ou plusieurs extraits de ces musiques sur Internet.

Étape 4

Chaque groupe présente son travail et fait écouter l'extrait sélectionné à la classe. L'ensemble des posters constitue un petit musée de la musique traditionnelle.

DeA LINK

Comment est née la langue française ?

1

Du 14 au 22 mars, on célèbre la fête de la langue française sur les cinq continents. Le français est aujourd'hui parlé par 274 millions de personnes dans le monde mais il a fallu 25 siècles pour inventer cette langue.

2

Au Ve siècle avant Jésus-Christ, la France parle trois langues : le grec, le ligure et le gaulois. En 50 av. J.-C., les Romains envahissent la France avec leur langue, le latin, et au Ve siècle, les Francs prennent leur place. Ils créent une nouvelle langue, le roman, qui, au Xe siècle, prend des formes différentes dans les régions.

3

Progressivement, la langue parlée près de Paris, le francien ou français, se répand. En 1539, le roi François Ier décide de rédiger les lois en français et, après la Révolution, l'école se fait en français.

4

Au fil des siècles, les mots étrangers entrent dans la langue française. Une langue, c'est donc vivant : ça évolue continuellement !

VIDÉO

1 Lis les textes, regarde la vidéo et associe les nombres aux événements correspondants.

1 la fête de la langue française	**a** en 1539
2 le nombre de personnes qui parlent français	**b** du 14 au 22 mars
3 le roman est créé	**c** au Ve siècle
4 les lois sont rédigées en français	**d** 274 millions

2 Réponds aux questions.

1 Observe la carte de la Francophonie (p. 95). Quels sont les pays où l'on parle français ?

2 Quels mots français sont utilisés dans ta langue ?

FAIS LE POINT ! 5

Parler de ses aptitudes et de ses capacités

075

1 Écoute le dialogue entre Natasha et Jonathan et associe les deux parties des phrases.

1 La prof de musique a l'intention de…
2 Jonathan a arrêté de…
3 Cette année, Jonathan a commencé à…
4 Il y a trois ans, Natasha a commencé à…
5 Natasha sait…
6 À la fin de l'année, l'orchestre va…

a jouer de la flûte.
b jouer devant un public.
c jouer du piano.
d jouer des morceaux faciles.
e monter un orchestre.
f jouer de la guitare électrique.

…/6

Dire ce qu'on veut devenir

2 Natasha et Jonathan ont regardé une vidéo d'orientation à l'école. Lis leur conversation et dis si les affirmations sont vraies ou fausses. Corrige les affirmations fausses.

Jonathan : Tu veux être quoi plus tard ?
Natasha : Je voudrais être médecin. Et toi ?
Jonathan : Moi, j'aimerais être journaliste.
Natasha : C'est quoi tes matières préférées ?
Jonathan : Le français et l'histoire, et les tiennes ?
Natasha : Les miennes, maths et sciences.
Jonathan : En maths, j'ai eu la moyenne jusqu'à l'année dernière mais cette année je suis nul ! Ton prof explique bien, mais le mien…
Natasha : Je pourrais t'aider… Les maths c'est super important, même pour un journaliste !
Jonathan : Ça c'est vrai. Et Louis ?
Natasha : Oh, lui, il sera violoniste.
Jonathan : Comme son père alors !
Natasha : C'est vrai ! Moi, mon père est dentiste, et le tien ?
Jonathan : Moi, le mien est boulanger ! Aucun rapport avec ce que je veux faire…

1 Les matières préférées de Jonathan sont différentes de celles de Natasha.
2 Jonathan était très bon en maths l'année dernière.
3 Jonathan pense que le prof de Natasha n'explique pas bien.
4 Jonathan est d'accord avec Natasha que les maths sont une matière importante.
5 Natasha, Louis et Jonathan ont choisi une profession similaire à la profession de leur père.

…/10

3 Dans quel secteur voudrais-tu travailler ? Fais un classement, ensuite indique ta profession préférée et pourquoi tu aimerais l'exercer (type de travail, horaires…).

- médical (médecin, dentiste, vétérinaire, infirmier…)
- artistique (chanteur, musicien, acteur…)
- administratif (employé de bureau…)
- manuel / technique (mécanicien, boulanger, jardinier…)

…/4

TOTAL: …/20

Unité 6 MÉDIAS ET TECHNOLOGIE

OBJECTIFS

APPRENDRE À...

* Demander et donner une information
* Parler des médias
* Parler de technologie
* Raconter et décrire des situations passées

DÉCOUVRIR...

* Les lectures des adolescents

PROJET

* Mon article pour un magazine

Épisode Vidéo 5

À LA LIBRAIRIE

076 VIDÉO

Vendeur : Bonjour, est-ce que je peux t'aider ?

Lucas : Bonjour, je cherche un livre d'histoire.

Vendeur : Le rayon histoire-philo se trouve là-bas au fond, tu vois, c'est marqué en haut.

Lucas : Merci.

Vendeur : Mais... Qu'est-ce que tu cherches exactement ?

Lucas : Je ne sais pas encore. Je veux faire un cadeau à mon père. Il est passionné d'histoire, il lit beaucoup de livres. Qu'est-ce que vous me conseillez ?

Vendeur : D'abord, il faudrait choisir une période ou un personnage. Par exemple, la vie de Napoléon.

Lucas : Oui, bonne idée. Hier soir, à la télé, on passait un film sur Napoléon et mon père a dit que c'était bien fait.

Vendeur : Ce livre pourrait lui plaire. Ou bien celui-ci sur la Révolution française...

Lucas : Non, à mon avis ce sujet ne l'intéresse pas... Napoléon, c'est mieux !

Vendeur : Très bien !

Lucas : S'il vous plaît, vous me faites un paquet cadeau ?

Vendeur : Oui, bien sûr.

Lucas : Merci !

VITE DIT
philo : philosophie

EN VIDÉO

Observe

1 Observe l'image et réponds aux questions.

1 Où se trouve Lucas ?
2 À qui est-ce qu'il parle ?
3 À ton avis, qu'est-ce qu'il veut faire ?

Écoute

076

2 Écoute le dialogue et choisis l'option correcte.

1 **a** Lucas cherche un livre d'histoire.
  b Lucas cherche un livre de philosophie.
2 **a** Le livre est pour un copain.
  b Le livre est pour son père.
3 **a** Le livre est pour un examen.
  b Le livre est pour faire un cadeau.
4 **a** Le vendeur lui propose un livre sur Napoléon.
  b Le vendeur lui propose un film sur Napoléon.

Lis et comprends

3 Lis le dialogue et réponds aux questions.

1 Quel est le rayon où va Lucas ?
2 Quel est le sujet que le vendeur lui conseille ?
3 Qui a trouvé le film sur Napoléon bien fait ?
4 Est-ce que Lucas choisit le livre sur la Révolution française ?
5 Est-ce qu'il est enfin satisfait ?
6 Qu'est-ce qu'il demande de faire au vendeur ?

4 Relève dans le dialogue les expressions pour demander une information et pour exprimer son opinion.

J'ÉCOUTE, J'ÉCRIS La dénasalisation de [ɑ̃], [ɛ̃], [œ̃], [ɔ̃]

La dénasalisation des voyelles nasales [ɑ̃], [ɛ̃], [œ̃], [ɔ̃] peut se produire :
- **du masculin au féminin** : *un* → *une*, *voisin* → *voisine*, *champion* → *championne*, *plein* → *pleine*
- **du nom à ses dérivés** : *passion* → *passionner*, *magasin* → *magazine*, *certain* → *certainement*
- **dans la conjugaison des verbes** : *il vient* → *ils viennent*, *elle peint* → *elles peignent*

077

1 Écoute, lis et répète. Indique le mot où s'est produit la dénasalisation.

1 Bruno est brun aux yeux bleus.
2 Il a une très belle collection de timbres. Il les collectionne depuis son enfance.
3 Elle se parfume toujours avec un célèbre parfum français.
4 Je prends juste un verre d'eau. Et vous, qu'est-ce que vous prenez ?

078

2 Espace dictée **Écoute et écris sur ton cahier.**

LEÇON 1

J'ai adoré cette série !

079 Écoute et répète.

LEXIQUE La lecture et la télé

La lecture

le roman

le recueil de poèmes

le polar (policier)

le journal

La télé et les émissions

l'émission

le programme télé

les infos (le journal télévisé, le JT)

les chaînes (de télévision)

le télé-crochet

et aussi...
le feuilleton
les dessins animés
le film
la série (télé)

080 Écoute et répète.

COMMUNICATION Demander et donner une information

- Qu'est-ce que vous lisez d'habitude ?
- On lit surtout des polars.

- De quoi parlait cet article de journal ?
- Il parlait d'une nouvelle série télé.

- Tu as regardé quelle émission hier soir ?
- Les infos sur France 2.

- Ce nouveau télé-crochet, c'était comment ?
- Super ! J'ai adoré !

1 **Associe les mots aux images.**

1 un dessin animé • **2** une chaîne • **3** une BD • **4** un magazine

a

b

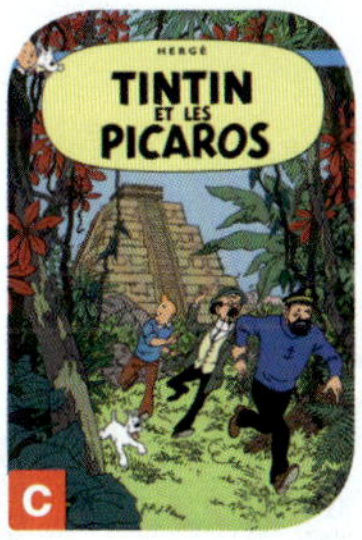

c

d

081

2 **Écoute, observe les dessins et associe-les aux dialogues.**

a

b

c

082

3 **Écoute et choisis l'option correcte.**

1 **a** Les jeunes qui entrent au collège continuent à regarder la télé.
b Les jeunes qui entrent au collège ne regardent plus la télé.

2 **a** La plupart des séries arrivent des États-Unis.
b La plupart des séries arrivent d'Amérique Latine.

3 **a** Les séries racontent une seule histoire.
b Les séries racontent plusieurs histoires.

4 **a** Les adolescents aiment les concours de chant.
b Les adolescents aiment beaucoup chanter.

4 **Lis le texte et réponds aux questions.**

Le Petit Prince

Le narrateur, qui est pilote, atterrit dans le désert du Sahara. Là, il rencontre le Petit Prince, qui vient d'une petite planète, « l'astéroïde B 612 ». Chaque jour l'aviateur apprend quelque chose sur la vie du Petit Prince, sur son départ, sur son voyage. L'enfant lui parle de la psychologie des adultes, des baobabs qui encombrent sa planète, d'une rose dont il est amoureux : une fleur unique au monde.
Il lui raconte aussi qu'il adore les couchers de soleil et qu'un jour il a vu le soleil se coucher quarante-trois fois. Enfin, le Petit Prince repart vers sa planète. Le narrateur reste seul dans le désert et regarde maintenant le ciel de façon différente.

1 Quels sont les personnages du livre ?
2 Comment est la planète du Petit Prince ?
3 Qu'est-ce qu'il raconte au narrateur ?
4 Est-ce que le Petit Prince reste sur la Terre ?

LEÇON 2

Quand mes parents étaient enfants...

083 Écoute et répète.

LEXIQUE Technologies d'hier et d'aujourd'hui

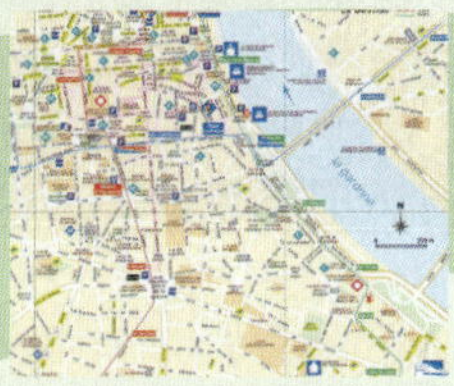
une carte routière

un walkman

un smartphone / un portable

une bibliothèque

un game boy

un appareil photo

un magnétoscope

une caméra

un téléphone

Les activités sur ordi

allumer / éteindre

imprimer

ouvrir un dossier

créer un fichier

enregistrer

084 Écoute et répète.

COMMUNICATION Raconter et décrire des situations passées

Il y a 30 ans…

- **Il fallait** consulter une carte routière pour trouver son chemin.
- Les ordinateurs **étaient** très grands et peu puissants.
- Internet n'**existait** pas : pour faire des recherches, **il fallait** aller à la bibliothèque.
- Pour communiquer, on **utilisait** le téléphone et on **écrivait** des lettres.
- On prenait des photos et ensuite on **devait** les faire développer.

1 **Tu vis en 1990. Qu'est-ce que tu fais dans les situations suivantes ?**

1. Tu adores un chanteur et tu veux l'écouter même quand tu vas à l'école.
2. Tu dois faire une recherche pour l'école.
3. À la fin de l'année, ton frère participe à une démonstration de judo.
4. Il y a un bon film à la télévision, mais tu n'es pas chez toi.
5. Tu fais un voyage inoubliable. Tu veux avoir un souvenir de cette expérience.
6. Tu es en voiture avec tes parents. Vous devez aller dîner chez des amis et vous ne savez pas comment y arriver.

2 **Réponds aux questions.**

1. Tu as écrit un texte à l'ordinateur. Qu'est-ce que tu fais pour ne pas le perdre ?
2. Tu veux lire sur papier ce que tu as écrit à l'ordi. Qu'est-ce que tu fais ?
3. Qu'est-ce qu'on fait quand on a terminé de travailler à l'ordi ?
4. Qu'est-ce que tu peux créer pour classer tes fichiers ?

Lire

indicatif présent	participe passé
je lis	lu
tu lis	futur
il/elle/on lit	je lirai...
nous lisons	
vous lisez	
ils/elles lisent	

Écrire

indicatif présent	participe passé
j'écris	écrit
tu écris	futur
il/elle/on écrit	j'écrirai...
nous écrivons	
vous écrivez	
ils/elles écrivent	

3 **Lis le texte et réponds aux questions.**

Cyberdépendance

La cyberdépendance est-elle un danger pour les adolescents ? En effet, un certain nombre d'adolescents ont une attitude de dépendance importante vis-à-vis d'Internet. Beaucoup de jeunes ne peuvent pas s'arracher de leur activité d'Internet même lorsqu'ils ne sont pas devant l'ordinateur. Par exemple, ils continuent de réfléchir à leur jeu ou à leurs échanges le soir, la nuit, à l'école, etc.
Autre problème : le rapport du jeune avec la machine.
Les adolescents ont surtout le désir d'établir des contacts avec d'autres amis, de construire des mondes imaginaires ou d'explorer des informations contenues sur le Net.

1. C'est quoi la cyberdépendance ?
2. Que font parfois les jeunes pendant la nuit ?
3. Quelles sont les activités que les jeunes font à l'ordi ?
4. Pourquoi les jeunes sont cyberdépendants ?

4 **Réponds aux questions de façon personnelle.**

1. Quel est ton rapport avec ton ordinateur ou ton smartphone ?
2. Combien de temps par jour tu l'utilises ?
3. À quels moments de la journée et où ?

LEÇON 3

Grammaire

Les pronoms démonstratifs

	masculin	féminin
singulier	celui-ci / celui-là celui	celle-ci / celle-là celle
pluriel	ceux-ci / ceux-là ceux	celles-ci / celles-là celles

attention !
-ci = proximité
-là = éloignement

*Quel livre vous achetez : **celui-ci** ou **celui-là** ?*
*Quelles séries elle regarde : **celles-ci** ou **celles-là** ?*

Lorsque le pronom démonstratif est suivi de la préposition ***de*** ou d'un pronom relatif (*qui*, *que*, *où*, *dont*), on n'utilise pas *-ci* et *-là*.

*Mon livre et **celui de** Julien sont sur la table.*
*Je veux prendre une revue, **celle que** tu me conseilleras.*

1 Complète les phrases avec les adjectifs (*ce*, *cet*, *cette*, *ces*) ou les pronoms démonstratifs qui conviennent.

1 Vous voulez ... journal-ci ou ... ?
2 ... émissions-ci sont plus suivies que ... .
3 ... idée-ci est bonne, mais ... est meilleure.
4 Ils doivent choisir une œuvre de ... poète ou de ... écrivain ?
5 N'achetez pas ... magazines-ci, achetez ... !
6 Prends ... recueil de poèmes-ci, pas ... !

2 Remplace les mots soulignés par le pronom démonstratif qui convient.

1 Prends ton livre d'histoire, pas <u>le livre</u> d'anglais. ➜ ...
2 Lisez les annonces de ce journal, pas <u>les annonces</u> de l'autre. ➜ ...
3 Occupez-vous des problèmes écologiques, pas <u>des problèmes</u> de la société ! ➜ de ...
4 Regarde l'émission de ce journaliste, pas <u>l'émission</u> de ce reporter. ➜ ...
5 Achète les revues de mode et <u>les revues</u> de musique. ➜ ...
6 J'ai trouvé le message de Manon et <u>le message</u> de Léa. ➜ ...

3 Complète les comparaisons en utilisant les pronoms démonstratifs qui conviennent.

1 Ce roman est plus amusant que ... que tu m'as donné.
2 Les contes de Perrault sont aussi instructifs que ... des frères Grimm.
3 L'actrice de ce feuilleton est moins douée que ... de cette série.
4 Ces histoires sont plus passionnantes que ... qui ont comme sujet l'actualité.
5 Les exercices de maths sont plus difficiles que ... de français.
6 Mon portable est aussi pratique que ... de mon copain.

L'imparfait

habiter		finir		répondre	
j'	habit**ais**	je	finiss**ais**	je	répond**ais**
tu	habit**ais**	tu	finiss**ais**	tu	répond**ais**
il/elle/on	habit**ait**	il/elle/on	finiss**ait**	il/elle/on	répond**ait**
nous	habit**ions**	nous	finiss**ions**	nous	répond**ions**
vous	habit**iez**	vous	finiss**iez**	vous	répond**iez**
ils/elles	habit**aient**	ils/elles	finiss**aient**	ils/elles	répond**aient**

Formation : 1ère personne du pluriel de l'ind. présent + désinences

habiter → nous habitons → j'habit**ais**
finir → nous finissons → je finiss**ais**
répondre → nous répondons → je répond**ais**

Être

j'	étais
tu	étais
il/elle/on	était
nous	étions
vous	étiez
ils/elles	étaient

085

4 Écoute et répète les conjugaisons.

5 Complète.

Exemple: avoir	nous *avons*	j'*avais*
1 appeler	nous ...	tu ...
2 venir	nous ...	il ...
3 aller	nous ...	on ...
4 vouloir	nous ...	elle ...
5 faire	nous ...	vous ...

6 Écris les verbes à l'imparfait.

1 devoir	tu ...	ils ...
2 prendre	elle ...	elles ...
3 pouvoir	nous ...	je ...
4 répondre	vous ...	il ...
5 mettre	nous ...	elle ...
6 partir	on ...	nous ...

7 Complète les phrases avec les verbes indiqués à l'imparfait.

1 Tu ... mal au genou. (*avoir*)
2 Le roman ... bien. (*finir*)
3 Ils ... à s'amuser. (*commencer*)
4 Je ... souvent des crêpes en Bretagne. (*manger*)
5 Vous ne ... jamais les infos. (*regarder*)
6 Cette émission ... des problèmes des ados. (*parler*)

8 Complète le texte avec les verbes indiqués à l'imparfait.

Juliette [1]... (*être*) très sportive, nous [2]... (*faire*) souvent du jogging ou bien nous [3]... (*aller*) au gymnase. Ses copains l' [4]... (*aimer*) aussi beaucoup pour son bon caractère. Moi, j' [5]... (*être*) sa meilleure amie et je l' [6]... (*inviter*) souvent chez moi. Nous [7]... (*écouter*) de la musique ou nous [8]... (*jouer*) avec l'ordinateur ou nous [9]... (*regarder*) la télé. Elle [10]... (*préférer*) les séries policières. Moi, je n' [11]... (*aimer*) pas ça mais je [12]... (*finir*) par céder pour lui faire plaisir. Parfois nous [13]... (*dîner*) ensemble puis elle [14]... (*dormir*) chez moi.
Quand elle a changé de ville, quelle tristesse !

Les lectures des adolescents

086

En général, les ados ne lisent pas beaucoup de livres mais ils apprécient les magazines. En France il y a beaucoup de magazines pour ados. Ils existent en version papier ou bien en ligne. Quelques adolescents en parlent.

Je m'appelle Camille, j'ai 15 ans. J'aime surfer sur Internet. Je vais sur YouTube et sur Facebook (j'ai 215 amis !) pour savoir ce qui fait le buzz au collège. Mon magazine préféré c'est **Le Monde des ados** : en plus des articles, il y a des jeux, des tests… c'est génial !

Mon nom c'est Flora, j'ai 13 ans. Je suis passionnée de BD mais je lis aussi des romans fantastiques. Je n'aime pas trop les jeux vidéo. Deux fois par mois j'achète **Okapi**. Selon moi, c'est le meilleur magazine parce qu'il donne la parole aux ados.

Salut, moi c'est Clément. J'ai 14 ans. J'aime surtout les jeux vidéo de sport et les films de science-fiction. Je suis très curieux alors, une fois par mois, je lis un magazine très sympa qui s'appelle **Comment ça marche**. C'est un magazine qui parle de découvertes scientifiques !

1 **Camille, Flora ou Clément : qui aime quoi ? Lis les textes et écris le nom sur ton cahier.**
   1 lire le magazine *Okapi*
   2 jouer aux jeux vidéo
   3 lire *Le Monde des ados*
   4 les films de science-fiction
   5 les romans fantastiques
   6 lire la revue *Comment ça marche*

2 **Relis les textes et invente la description d'un nouveau magazine.**

titre : *Planète Ados*
description : *articles, jeux, tests, écologie/ environnement, monde actuel, il donne la parole aux ados, ...*

3 **Base-toi sur la fiche de l'exercice 2 pour présenter ton magazine à la classe.**

PROJET

MON ARTICLE POUR UN MAGAZINE

Matériel : • *un ordinateur*
• *des feuilles de papier*

Étape 1

Travaillez par groupes de 3/4 personnes. Chacun des groupes choisit le sujet sur lequel il va interviewer sa famille. Chaque membre du groupe choisira une personne de sa famille (grands-parents, parents, oncles, tantes) pour avoir des perspectives différentes sur le même sujet.

- les technologies
- l'école
- les loisirs
- les transports
- les amis
- autre sujet au choix

Étape 2

Chaque groupe doit réaliser au moins trois interviews sur l'argument choisi. Voici quelques suggestions de questions de départ :

- Quand tu étais jeune, comment c'était ? / Quels loisirs tu avais quand tu étais jeune ?
- C'était comment l'école à ton époque ?
- Selon toi, les choses étaient mieux avant ou pires ?
- Tu retournerais en arrière si c'était possible ?

Étape 3

À partir de votre interview, rédigez votre article à l'ordinateur (n'oubliez pas d'utiliser le correcteur orthographique). Illustrez les différentes parties de votre article avec des photos.

Étape 4

Rassemblez les articles des différents groupes et reliez-les pour en faire un magazine de classe. Toute la classe doit maintenant choisir le titre de l'article.

Pourquoi y a-t-il plusieurs journaux en France ?

1

En France, il existe plus de 600 journaux pour tous les goûts et pour tous les âges. Il y a aussi la presse satirique qui utilise l'humour pour parler de l'actualité, comme le journal *Charlie Hebdo*, qui a été attaqué par des terroristes le 7 janvier 2015.

2

Les journaux peuvent paraître tous les jours, toutes les semaines ou tous les mois sur papier, mais aussi sur Internet. Avoir autant de choix dans les journaux est une chance parce que chacun peut lire ce qu'il veut et aussi se faire sa propre opinion.

3

Contrairement aux dictatures, où les journalistes n'ont pas le droit de critiquer le pouvoir et les citoyens ne sont pas libres de s'informer et de s'exprimer.

4

La liberté de la presse et la liberté d'expression sont liées et vivre en démocratie, c'est partager des idées en toute liberté !

VIDÉO

1 Lis les textes, regarde la vidéo et réponds aux questions.

1 Combien de journaux y a-t-il en France ?
2 Qu'est-ce que la presse satirique ?
3 Pourquoi avoir autant de choix de journaux est une chance ?
4 Que se passe-t-il dans les dictatures ?

2 À votre avis, les journaux sur papier disparaîtront et seront remplacés par la presse sur Internet ? Pourquoi ?

D'après moi, les journaux sur papier…
Je crois que la presse sur Internet est…

FAIS LE POINT ! 6

Raconter et décrire des situations présentes et passées

087 **1 Florent discute avec sa grand-mère. Écoute la première partie de leur conversation et dis si les affirmations sont vraies ou fausses.**

1 La grand-mère de Florent a regardé un télé-crochet à la télévision hier soir.
2 Florent regarde souvent TF1.
3 La grand-mère de Florent pense que les abonnements télé sont une bonne chose.
4 Elle pense que les magnétoscopes n'étaient pas très efficaces dans le passé.
5 Récemment, elle a enregistré une émission sur son magnétoscope.

…/5

088 **2 Maintenant, écoute la deuxième partie de la discussion et associe les deux parties des phrases.**

1 Mamie préfère lire que…
2 Quand Florent voit un film à la télé, il ne réussit pas à…
3 Le père de Florent a une passion, c'est…
4 À l'école, Florent étudie la littérature. Il doit…

a s'endormir tout de suite.
b lire des romans et quelques poèmes.
c lire des magazines d'histoire.
d regarder un film à la télévision.

…/4

Parler de technologie

3 Florent envoie des textos à son père. Observe la succession des événements puis remets les textos dans le bon ordre.

1 Hier, Florent a montré son devoir de français à son père.
2 Aujourd'hui, Florent a ouvert un nouveau fichier.
3 Florent a écrit une page de son devoir de français.
4 Florent a essayé d'enregistrer son fichier.
5 L'ordinateur s'est bloqué.
6 Son père lui suggère d'éteindre l'ordinateur et de le rallumer.
7 Florent contacte son père.

1 **Florent :** Papa, mon ordinateur est bloqué ! Je ne sais pas quoi faire !
Le père : Je te le dis toujours, il faut toujours enregistrer quand tu écris quelque chose !
Florent : Ben, normal, je travaillais sur un nouveau fichier. J'écrivais mon devoir de français.
Le père : Celui que tu m'as montré hier ?
Le père : Ta souris, elle fonctionne ?
Florent : Oui, celui-là. Quand j'ai essayé de l'enregistrer, l'ordi s'est bloqué.
Le père : Qu'est-ce que tu faisais quand il a arrêté de fonctionner ?
Le père : Alors éteins l'ordi et rallume-le, peut-être que l'ordinateur a fait un enregistrement automatique…
Florent : Espérons ! J'ai écrit une page…
Florent : Non, tout est bloqué.

…/5

4 Le soir, tu préfères regarder la télévision, surfer sur Internet ou lire un livre ? Explique pourquoi.

…/6

TOTAL: …/20

COMPRÉHENSION DES ÉCRITS

1 Lis l'annonce et réponds aux questions.

Conservatoire de musique "Do Ré Mi"

Vous aimez la musique ?
Venez découvrir notre école de musique pendant la « Journée portes ouvertes », samedi 13 juin à 14 heures. On propose des cours pour les jeunes de 10 à 17 ans.
Nos professeurs sont des musiciens professionnels. Ils ont étudié dans les plus grands conservatoires du pays.
Nous avons des enseignants pour les instruments suivants : violon, guitare classique, piano, flûte et batterie.
On propose des cours en groupe et des leçons individuelles pour apprendre à jouer d'un instrument.
Pour plus d'informations, rendez-vous samedi à 14 heures ou téléphoner au secrétariat (du lundi au vendredi de 9 heures à 12 heures) au 03 87 93 47 21.

1 Cette annonce est une publicité pour…
a un magasin de musique. **b** un concert. **c** une école de musique.

2 Quelle est la date de la « Journée portes ouvertes » ?

3 Dis si la phrase suivante est vraie ou fausse et justifie ta réponse.
Les cours sont pour les enfants de 5 à 10 ans. **a** Vrai. **b** Faux.
Justification : …

4 Les professeurs de cette école sont…
a des chanteurs. **b** des musiciens. **c** des animateurs.

5 Dis si la phrase suivante est vraie ou fausse et justifie ta réponse.
Pour avoir des informations, on peut téléphoner le mardi à 10 heures. **a** Vrai. **b** Faux.
Justification : …

2 Lis le texte et réponds aux questions.

Pense à éteindre ton smartphone !

Aujourd'hui, tout le monde a un téléphone portable. C'est une technologie moderne bien pratique ! On reste toujours en contact avec les parents et les amis. Il est aussi très utile. Il permet de faire beaucoup de choses : trouver son chemin, des restaurants, faire des achats en ligne, utiliser les réseaux sociaux comme Facebook et Instagram…
Mais attention ! Il faut aussi penser à éteindre le téléphone pour parler avec les amis et avec la famille. C'est important d'avoir des loisirs et une vie sociale sans ton smartphone.
Voici quelques conseils à suivre :

- pendant les repas, éteins ton téléphone, raconte ta journée
- le soir, ne dors pas avec le téléphone à côté du lit
- fais des promenades avec tes amis et laisse ton téléphone à la maison
- fais du sport
- n'utilise pas le téléphone à l'école

1 De quoi parle cet article ?
a Du téléphone portable. b Du sport. c De la famille.
2 La nouvelle technologie est…
a dangereuse. b pratique. c inutile.
3 Dis si la phrase suivante est vraie ou fausse et justifie ta réponse.
Il ne faudrait pas toujours utiliser le smartphone. a Vrai. b Faux.
Justification : …
4 Qu'est-ce qu'il faudrait faire sans le téléphone ?
a Déjeuner avec la famille. b Faire des achats en ligne. c Mettre des photos sur Instagram.
5 Où est-ce qu'on ne doit pas utiliser le smartphone ?
a À la maison. b Dans la rue. c À l'école.

COMPRÉHENSION DE L'ORAL

089
3 Lis les questions. Ensuite, écoute l'annonce et réponds aux questions.
1 Tu entends…
a un dialogue.
b une annonce.
c un message sur un répondeur.
2 Quel jour est la « Journée des métiers » ?
3 La « Journée des métiers » permet de découvrir…
a des écoles. b des villes. c des professions.
4 Cette manifestation propose des activités pour qui ?
a Les collégiens. b Les enseignants. c Les parents.
5 Pour s'inscrire, il faut appeler le numéro 06 … … 94 … .

090
4 Lis les situations. Écoute les dialogues, puis associe chaque dialogue à la situation correspondante.

Dialogue 1 — a demander ou donner une information
Dialogue 2 — b parler de ses aptitudes
Dialogue 3 — c dire ce qu'on veut devenir
Dialogue 4 — d raconter des situations passées

PRODUCTION ÉCRITE

5 Le week-end dernier, tu es allé(e) au concert de musique de ton chanteur préféré. Tu écris à ton ami(e) français(e) pour lui raconter l'événement. Tu parles du concert, du temps qu'il a fait et tu donnes tes impressions (60 mots minimum).

PRODUCTION ORALE

6 Jeux de rôle. Tu es en France et tu veux apprendre à jouer de la guitare. Tu demandes des informations à la secrétaire de l'école de musique du quartier (prix, jours et horaires des cours).

PRÉCIS DE LEXIQUE ET COMMUNICATION

UNITÉ 1

COMMUNICATION

Décrire un objet

- Il est comment ?
- Il est vert, petit et rond.

- Qu'est-ce que c'est ?
- Ce sont des lunettes de soleil ovales.

- Quelle est la forme de ce foulard ?
- Il est triangulaire.

- En quelle matière il est ?
- Il est en soie.

COMMUNICATION

Demander et exprimer une opinion

- Qu'est-ce que tu en penses ?
- Je pense que le tri des déchets est fondamental.

- Qu'est-ce que tu en dis ?
- Je trouve que c'est un vrai problème.
- Selon moi, on doit préserver l'environnement.

LEXIQUE

Les accessoires et les matières

un bonnet (en coton)

une écharpe (en laine)

une ceinture (en cuir)

un foulard (en soie)

des gants un sac (en plastique) des lunettes de soleil un bracelet

Les formes

un carré (carré) un rectangle (rectangulaire) un triangle (triangulaire)
un ovale (ovale) un rond (rond) un hexagone (hexagonal)

LEXIQUE

L'écologie

la pollution

la marée noire

le trou dans la couche d'ozone

le réchauffement de la planète

le tri des déchets le développement durable les panneaux solaires l'énergie éolienne
le milieu naturel / l'environnement une espèce protégée

UNITÉ 2

COMMUNICATION

Exprimer la fréquence

- Vous avez souvent cours de musique ?
- Non, une fois par semaine.
- Le mercredi, nous avons toujours l'après-midi libre.
- On a cours d'EPS tous les jeudis.
- Tous les jours, les cours commencent à 8h10.

COMMUNICATION

Demander, proposer, accepter de l'aide

- Où est le CDI ?
- Je peux t'accompagner si tu veux.
- Tu es prêt pour le contrôle de maths ?
- Pas trop, tu m'aides ?
- Bien sûr !

LEXIQUE

Les matières scolaires

français LV (anglais, italien, allemand...) histoire-géographie-éducation civique technologie mathématiques latin sciences physiques arts plastiques EPS SVT

LEXIQUE

Le collège

la salle de classe

la bibliothèque

le gymnase

le CDI (centre de documentation et d'information)

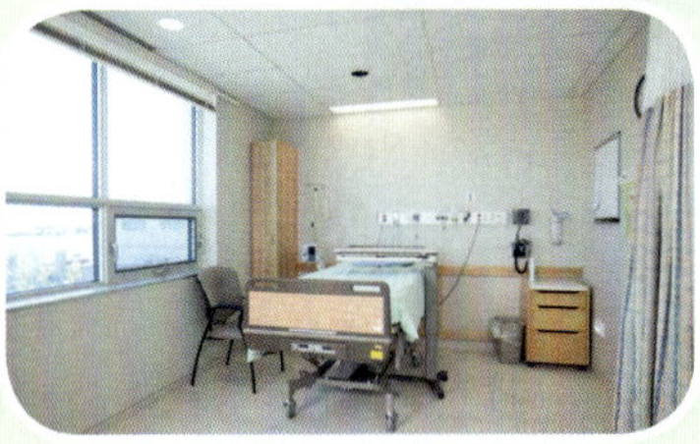

l'infirmerie

la cantine

la salle de permanence la cafétéria les devoirs le contrôle l'interrogation (l'interro) le bulletin les notes l'exercice (l'exo)

PRÉCIS DE LEXIQUE ET COMMUNICATION

UNITÉ 3

COMMUNICATION

Décrire un lieu

- C'est une région très verte, entourée de montagnes.
- Il y a beaucoup de fleurs au milieu de la forêt.
- L'île est en face de la plage.
- La rivière traverse la région.

COMMUNICATION

Parler du temps qu'il fait

- Quel temps il fait ?
- Il pleut. / Il y a du soleil.
- Il y a du vent mais il fait chaud.
- La semaine prochaine, il fera froid.
- En automne, il y a souvent du brouillard.

LEXIQUE

Les paysages naturels

la montagne — la campagne — la forêt — la mer

LEXIQUE

La météo

la pluie – il pleut (pleuvoir)

la neige – il neige (neiger)

le vent – il y a du vent

le brouillard – il y a du brouillard

le soleil – il fait beau

les nuages – le ciel est nuageux

il fait chaud

il fait froid

Les saisons

le printemps (au printemps) — l'été (en été) — l'automne (en automne) — l'hiver (en hiver)

UNITÉ 4

COMMUNICATION

Demander et dire comment on se sent

- Ça va ? / Comment vas-tu ? Comment tu te sens ?
- Je suis en pleine forme. / Nous sommes fatigués, nous avons besoin de dormir.

- Vous avez mauvaise mine. Qu'est-ce qui se passe ?
- J'ai chaud. / J'ai mal à la tête. / J'ai mal aux dents.

COMMUNICATION

Exprimer l'hypothèse, donner un conseil

- Si tu as de la fièvre, prends une aspirine !
- Je te conseille de faire un bandage.

COMMUNICATION

Exprimer la satisfaction, le mécontentement

- J'ai eu une médaille à la compétition de karaté.
- Bravo, c'est génial ! / Chapeau ! / C'est formidable !

- On a perdu le match de volley, quel dommage !
- Tant pis ! L'autre équipe était plus forte.

LEXIQUE

Le corps

le ventre la main le dos
le bras la jambe le pied
le genou

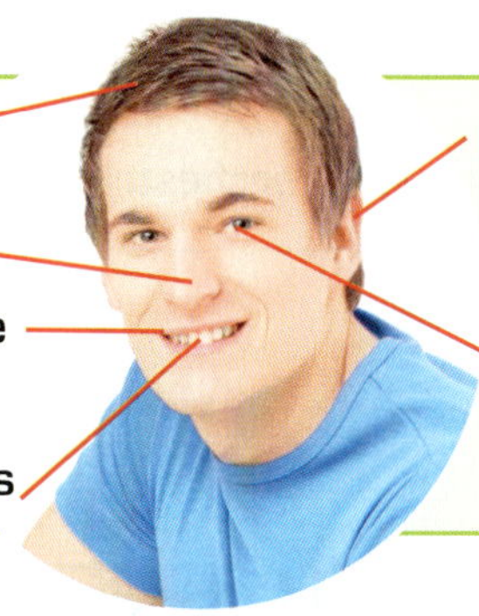

LEXIQUE

Les sports

le volley

le basket

le ski

le karaté

le rafting

l'équitation

le VTT (vélo tout terrain) les rollers le skate-board le tennis de table
l'escalade la planche à voile

UNITÉ 5

COMMUNICATION

Parler de ses aptitudes et de ses capacités

- Il sait jouer du violon ?
- Oui, il est doué. C'est un excellent musicien.

- Tu es fort en chant ?
- Je suis assez doué pour chanter. / Non, je chante faux ! / Je suis nul en musique.

COMMUNICATION

Dire ce qu'on veut devenir

- Je veux devenir mécanicien comme mon oncle.
- J'aimerais devenir vétérinaire.
- Quand je serai grand, je serai architecte.

LEXIQUE

La musique et les instruments

la flûte

le piano

le violon

la guitare classique

la guitare électrique

la basse

la batterie   le tambour   l'orchestre   le musicien   la partition   le chanteur / la chanteuse

LEXIQUE

Les professions

le médecin

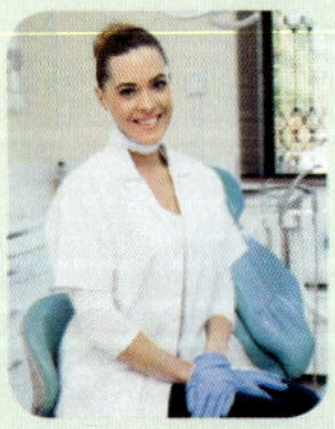
le/la dentiste

le chauffeur

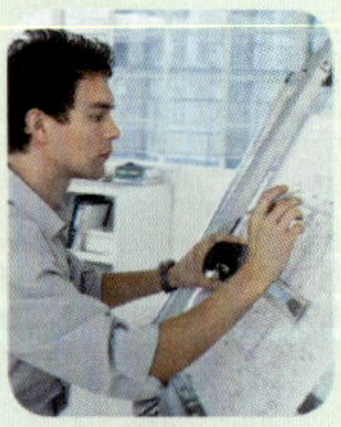
l'architecte

le/la vétérinaire

le boulanger / la boulangère

l'avocat / l'avocate   le jardinier / la jardinière   le mécanicien / la mécanicienne
l'animateur / l'animatrice   l'employé / l'employée   l'infirmier / l'infirmière
l'éducateur / l'éducatrice   l'acteur / l'actrice   le/la journaliste

UNITÉ 6

COMMUNICATION

Demander et donner une information

- De quoi parlait cet article de journal ?
- Il parlait d'une nouvelle série télé.

- Tu as regardé quelle émission hier soir ?
- Les infos sur France 2.

COMMUNICATION

Raconter et décrire des situations passées

Il y a 30 ans…

- Il fallait consulter une carte routière pour trouver son chemin.
- Internet n'existait pas : pour faire des recherches, il fallait aller à la bibliothèque.
- On prenait des photos et ensuite on devait les faire développer.

LEXIQUE

La lecture et la télé

le roman

le recueil de poèmes

le polar (policier)

le journal

l'émission

les chaînes (de télévision)

les infos (le journal télévisé, le JT)

le programme télé   le télé-crochet   le feuilleton   les dessins animés
le film   la série (télé)

LEXIQUE

Technologies d'hier et d'aujourd'hui

une carte routière   un walkman   un game boy   un appareil photo   une caméra   un téléphone
une bibliothèque   un magnétoscope   un smartphone / un portable

VERBES

Être

indicatif présent		impératif	futur
je	suis	sois	je serai
tu	es	soyons	**conditionnel**
il/elle/on	est	soyez	je serais
nous	sommes	**passé composé**	**imparfait**
vous	êtes	j'ai été	j'étais
ils/elles	sont		

Avoir

indicatif présent		impératif	futur
j'	ai	aie	j'aurai
tu	as	ayons	**conditionnel**
il/elle/on	a	ayez	j'aurais
nous	avons	**passé composé**	**imparfait**
vous	avez	j'ai eu	j'avais
ils/elles	ont		

S'appeler

indicatif présent		impératif	futur
je	m'appelle	appelle-toi	j'appellerai
tu	t'appelles	appelons-nous	**conditionnel**
il/elle/on	s'appelle	appelez-vous	j'appellerais
nous	nous appelons	**passé composé**	**imparfait**
vous	vous appelez	j'ai appelé(e)	j'appelais
ils/elles	s'appellent		

Habiter

indicatif présent		impératif	futur
j'	habite	habite	j'habiterai
tu	habites	habitons	**conditionnel**
il/elle/on	habite	habitez	j'habiterais
nous	habitons	**passé composé**	**imparfait**
vous	habitez	j'ai habité	j'habitais
ils/elles	habitent		

Aller

indicatif présent		impératif	futur
je	vais	va	j'irai
tu	vas	allons	**conditionnel**
il/elle/on	va	allez	j'irais
nous	allons	**passé composé**	**imparfait**
vous	allez	je suis allé(e)	j'allais
ils/elles	vont		

Venir

indicatif présent		impératif	futur
je	viens	viens	je viendrai
tu	viens	venons	**conditionnel**
il/elle/on	vient	venez	je viendrais
nous	venons	**passé composé**	**imparfait**
vous	venez	je suis venu(e)	je venais
ils/elles	viennent		

Faire

indicatif présent		impératif	futur
je	fais	fais	je ferai
tu	fais	faisons	**conditionnel**
il/elle/on	fait	faites	je ferais
nous	faisons	**passé composé**	**imparfait**
vous	faites	j'ai fait	je faisais
ils/elles	font		

Devoir

indicatif présent		impératif	futur
je	dois	dois	je devrai
tu	dois	devons	**conditionnel**
il/elle/on	doit	devez	je devrais
nous	devons	**passé composé**	**imparfait**
vous	devez	j'ai dû	je devais
ils/elles	doivent		

Prendre

indicatif présent		impératif	futur
je	prends	prends	je prendrai
tu	prends	prenons	**conditionnel**
il/elle/on	prend	prenez	je prendrais
nous	prenons	**passé composé**	**imparfait**
vous	prenez		
ils/elles	prennent	j'ai pris	je prenais

Attendre

indicatif présent		impératif	futur
j'	attends	attends	j'attendrai
tu	attends	attendons	**conditionnel**
il/elle/on	attend	attendez	j'attendrais
nous	attendons	**passé composé**	**imparfait**
vous	attendez		
ils/elles	attendent	j'ai attendu	j'attendais

Commencer

indicatif présent		impératif	futur
je	commence	commence	je commencerai
tu	commences	commençons	**conditionnel**
il/elle/on	commence	commencez	je commencerais
nous	commençons	**passé composé**	**imparfait**
vous	commencez		
ils/elles	commencent	j'ai commencé	je commençais

Manger

indicatif présent		impératif	futur
je	mange	mange	je mangerai
tu	manges	mangeons	**conditionnel**
il/elle/on	mange	mangez	je mangerais
nous	mangeons	**passé composé**	**imparfait**
vous	mangez		
ils/elles	mangent	j'ai mangé	je mangeais

Pouvoir

indicatif présent		impératif	futur
je	peux	–	je pourrai
tu	peux	–	**conditionnel**
il/elle/on	peut	–	je pourrais
nous	pouvons	**passé composé**	**imparfait**
vous	pouvez		
ils/elles	peuvent	j'ai pu	je pouvais

Vouloir

indicatif présent		impératif	futur
je	veux	–	je voudrai
tu	veux	–	**conditionnel**
il/elle/on	veut	veuillez	je voudrais
nous	voulons	**passé composé**	**imparfait**
vous	voulez		
ils/elles	veulent	j'ai voulu	je voulais

Boire

indicatif présent		impératif	futur
je	bois	bois	je boirai
tu	bois	buvons	**conditionnel**
il/elle/on	boit	buvez	je boirais
nous	buvons	**passé composé**	**imparfait**
vous	buvez		
ils/elles	boivent	j'ai bu	je buvais

Acheter

indicatif présent		impératif	futur
j'	achète	achète	j'achèterai
tu	achètes	achetons	**conditionnel**
il/elle/on	achète	achetez	j'achèterais
nous	achetons	**passé composé**	**imparfait**
vous	achetez		
ils/elles	achètent	j'ai acheté	j'achetais

VERBES

Partir

indicatif présent		impératif	futur
je	pars	pars	je partirai
tu	pars	partons	**conditionnel**
il/elle/on	part	partez	je partirais
nous	partons	**passé composé**	**imparfait**
vous	partez		
ils/elles	partent	je suis parti(e)	je partais

Vivre

indicatif présent		impératif	futur
je	vis	vis	je vivrai
tu	vis	vivons	**conditionnel**
il/elle/on	vit	vivez	je vivrais
nous	vivons	**passé composé**	**imparfait**
vous	vivez		
ils/elles	vivent	j'ai vécu	je vivais

Savoir

indicatif présent		impératif	futur
je	sais	sache	je saurai
tu	sais	sachons	**conditionnel**
il/elle/on	sait	sachez	je saurais
nous	savons	**passé composé**	**imparfait**
vous	savez		
ils/elles	savent	j'ai su	je savais

Voir

indicatif présent		impératif	futur
je	vois	vois	je verrai
tu	vois	voyons	**conditionnel**
il/elle/on	voit	voyez	je verrais
nous	voyons	**passé composé**	**imparfait**
vous	voyez		
ils/elles	voient	j'ai vu	je voyais

Écrire

indicatif présent		impératif	futur
j'	écris	écris	j'écrirai
tu	écris	écrivons	**conditionnel**
il/elle/on	écrit	écrivez	j'écrirais
nous	écrivons	**passé composé**	**imparfait**
vous	écrivez		
ils/elles	écrivent	j'ai écrit	j'écrivais

Lire

indicatif présent		impératif	futur
je	lis	lis	je lirai
tu	lis	lisons	**conditionnel**
il/elle/on	lit	lisez	je lirais
nous	lisons	**passé composé**	**imparfait**
vous	lisez		
ils/elles	lisent	j'ai lu	je lisais

Mettre

indicatif présent		impératif	futur
je	mets	mets	je mettrai
tu	mets	mettons	**conditionnel**
il/elle/on	met	mettez	je mettrais
nous	mettons	**passé composé**	**imparfait**
vous	mettez		
ils/elles	mettent	j'ai mis	je mettais

Essayer

indicatif présent		impératif	futur
j'	essaie (essaye)	essaie (essaye)	j'essaierai (essayerai)
tu	essaies (essayes)	essayons	**conditionnel**
il/elle/on	essaie (essaye)	essayez	j'essaierais (essayerais)
nous	essayons	**passé composé**	**imparfait**
vous	essayez		
ils/elles	essaient (essayent)	j'ai essayé	j'essayais

LA FRANCOPHONIE

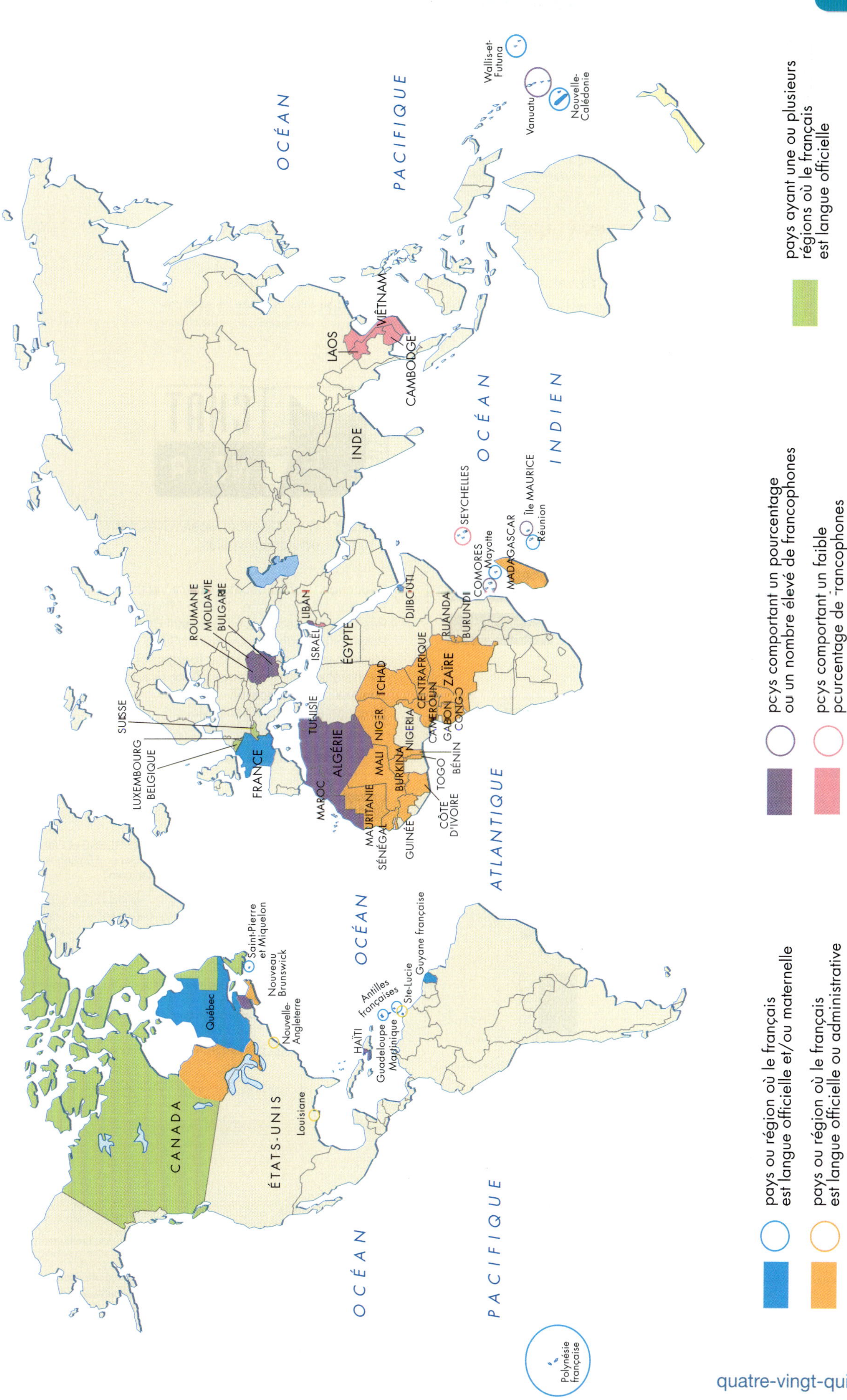

CODE LICENCE*
USFDVMD7

edubook
BASIC

1. Accédez à : **activa.vicensvives.com**
2. Introduisez **le code** ci-dessous

   Introduisez votre licence

3. **Suivez les étapes** et accédez à votre compte Edubook

* Licence gratuite valable un an à compter de sa mise en route.
Si, pour une raison quelconque, la disponibilité de la licence et sa mise en route ne sont pas possibles, EDUBOOK se décharge de toute responsabilité.

DeA LINK

Regardez les vidéos sur votre smartphone

1 Téléchargez l'App **DeALink**

Télécharger dans l'App Store
DISPONIBLE SUR Google Play

2 Utilisez l'App pour scannériser la page

3 Regardez la vidéo

CHAT NOIR

internet : www.blackcat.vicensvives.net
e-mail : e@vicensvives.es

Rédaction : Jana Foscato, Chiara Versino, Enrica Ferraris
Révision pédagogique : Marion Meynadier
Responsable technique : Giovanni Cupelli
Projet graphique et couverture : Silvia Bassi, Erika Barabino
Mise en page : Studio Mizar (Bergamo)
Recherche iconographique : Alice Graziotin, Laura Fiorenzo
Dessins : Elena Locatelli
Direction artistique : Nadia Maestri

1jour1actu

Édition originale © 2014 – Coproduction MILAN PRESSE et France Télévisions, Réalisation Jacques Azam – 1, Rond-point du Général Eisenhower 31101 Toulouse cedex 9 – France, www.editionsmilan.com

Les vidéos sont aux pages : p. 18 (illustrations : Jacques Azam, texte : Agnès Cathala) ; p. 30 (illustrations : Jacques Azam, texte : Agnès Barber) ; p. 44 (illustrations : Jacques Azam, texte : Axel Planté-Bordeneuve) ; p. 56 (illustrations : Jacques Azam, texte : Laurence Muguet) ; p. 70 (illustrations : Jacques Azam, texte : Laurence Muguet) ; p. 82 (illustrations : Jacques Azam, texte : Classe École Michelet).

Crédits photographiques : Shutterstock ; Istockphoto ; Dreamstime ; Getty Images ; Alamy/IPA.
Image de couverture : Shutterstock.com ; Denis Kuvaev / Shutterstock.com

© DeA et réalisées par LADA film productions : 20, 34, 46, 60, 72.

Première édition, 2020. 2 3 4 5/ Dépôt Légal: B. 11.458-2020/ ISBN: 978-84-682-6867-5/ N° d'Ordre V.V.: PM78.